ホテルオークラ

実践編

《橋本流》

# クレーム

人の心を癒す〈ホスピタリティ〉43の極意

# 対応術

# 2

ホテルオークラ顧問
橋本保雄

大和出版

# まえがき～「知恵」の時代のサービスマンは何を求められているのか

現代はインターネットが花盛り。世界のあらゆる情報が簡単に手に入る時代になっています。情報革命（ＩＴ革命）の進捗《しんちょく》は急です。そのなかをビジネスマンとして生き抜いていくには、得た情報を「自分のものにする」ことがきわめて重要になります。情報に対する探求心、好奇心はその原動力といってよいでしょう。

しかし、情報だけでは知恵は生まれません。人間は年齢とともにさまざまな経験を積みます。その実体験も貴重な知恵を生み出す素材です。つまり、実体験から感じたもの、学んだものと自分のものとして取り入れた情報をソフトとしていろいろ混ぜ合わせ、一つの創造された知恵が生まれるのです。ソフトは単に便利だから、格好がよいからなどではなく人間の心、理念をふまえたものへ昇華されなくては何にもなりません。

本書のテーマである「クレーム対応」では、この知恵が最大の武器になります。最近「ナリッジ・ワーカー」という言葉がしばしば語られます。直訳すれば「知識・知恵のある仕事人（ビジネスマン）」といった意味ですが、このナリッジ・ワーカーの存在が、企業の不沈の鍵を握っているといわれています。私はこのナリッジを、単なる「知識」ではなく、「知恵」だと理解していますが、時代はすでに知恵がビジネスをリードする、新たな段階に突入しているのです。

とりわけ、クレーム対応という分野では知恵が厳しく求められます。クレームに対する一定のマニュアルはあっても、それに拘泥《こうでい》していてはクレームの処理はできません。私は「100人のお客さまには100通りの想いがある」ということをよくいうのですが、クレームもまたしかり。「100人のお客さまには100通りのクレーム」があるのです。

それにマニュアル一辺倒で対応していたのでは、思うような結果が得られないのは、誰にでもわかる道理です。

また、過去のクレームを的確に処理できた対応も、相手が代われば通用するとは限りません。クレームそのものは同じに見えても、そこにひそんでいるお客さまの想いは、常に独自のもの、オリジナルだからです。

そのお客さま一人ひとりで微妙に違う想いを読み取るために大いなる力を発揮するのが、まさに知恵だ、と私は考えています。

お客さまが何を求めているのか、期待感はどこにあるのか、何に心地よさを感じるのか……。それを読み取るには、情報と実体験に裏打ちされた知恵が不可欠です。

お客様のクレームに対しては、まず最初に御不快をかけた事実に対して申しわけなかったという想いを表現し、不満をよく聞くということから始めなくてはなりません。その不満のもととなった「なんで」「どうしてこの様なことになったか」の原因を即座に追及して、改めるべきこと、または御理解を頂く表現法を考えることが必要です。

本書は、具体的なクレームのなかで、どう情報を活かすか、実体験を役立てるか、つまり知恵をどのように使っていくかを述べています。ただし、それらはあくまで「橋本流」だということを忘れないでください。

ここにある対応術は「One of them」「One of sample」にすぎません。つまり、これもあなた自身の知恵を育てていく素材です。そこからいかにして「自分流」を創り上げていくか。正念場はそこです。

そのことを肝に銘じて、読み進んでいただければ、必ず、目を開かれる発見がある。そんな自負だけは持っています。

橋本保雄

ホテルオークラ［橋本流］クレーム対応術②【目次】

まえがき～「知恵」の時代のサービスマンは何を求められているのか

第1章 マニュアル通りの対応では、お客様は喜ばない

SERVICE1 お客様がきてくださるのにはワケがある 14
SERVICE2 お客様の〝想い〟に応える気配りとはなにか 17
SERVICE3 クレームを防ぐ最高の手段とはなにか 20
SERVICE4 お客様それぞれの〝想い〟を知る方法 23
SERVICE5 ホテルで求められる〝日常〟とはなにか 26
SERVICE6 お客様の趣味嗜好には「できる範囲」でお応えする 29
SERVICE7 「習慣」「しきたり」は通用しない 32
SERVICE8 〝想い〟を無視したサービスではお客様を失う 35

CONTENTS

SERVICE9 「親切」と「不親切」の差はなにか 38
SERVICE10 歓迎ムードを創るにはどうすればよいのか 41
コラム 「ホテル（Hotel）の語源とは？」

## 第2章 【実践】設備上のクレーム～こうすればベスト

CLAIM1 「ホテルの場所がわからない！」 46
CLAIM2 「ロビーがどこにあるのかわかりづらい」 49
CLAIM3 「（他人に聞いたところ）評判がよくない」 52
CLAIM4 「机の下の壁紙が汚れているし、電気のコードがぐちゃぐちゃで乱雑だ」 55
CLAIM5 「部屋の内側にある緊急避難の案内板が斜めになっている！」 58
CLAIM6 「静電気がひどい、なんとかならないのか！」 61
CLAIM7 「チェックインのときに、帰りの時間を聞かれるのは不愉快だ！」 64
CLAIM8 「予約を入れたのに待たされた」 67

CLAIM 9 「ホテルなのに、新聞のサービスが受けられない」 70
CLAIM 10 「洗面所に簡単な椅子をおいて欲しい。わが家ではそうしているから」 73
CLAIM 11 「遅い時間だけど、食事をしたいのだが……」 76
CLAIM 12 「ホテルでインスタントのコーヒーを出されると興ざめだ」 79
CLAIM 13 「アメニティグッズをもう少し高級感があるものにして欲しい」 82
CLAIM 14 「せっかくの温泉なのに、よれよれののれんがかかっている」 85
コラム「名は体を表す？」

## 第3章 【実践】食事に関するクレーム～こうすればベスト

CLAIM 1 「なんだ、ここのスタッフは料理の説明もできないのか！」 90
CLAIM 2 「今日はなにが美味しいの？」 93
CLAIM 3 「ミネラルウォーターを飲んだら、腐ったようなにおいがした」 96
CLAIM 4 「レストランの閉店時間が早すぎる！」 99

CONTENTS

CLAIM 5「ワインをサービスするのに、その前に水を出すのはおかしい」102
CLAIM 6「まだ注文したものがこないんだけれど、一体どうしたんだ！」105
CLAIM 7「コースの料理のバランスが悪いなあ。わかってないね、まったく……」108
CLAIM 8「このお酒は、変な味がする……」111
CLAIM 9「こんな料理、注文していないけどなあ」114
CLAIM 10「この料理はもっと辛くして欲しいんだけど」117
CLAIM 11「おいしいけど、全部平らげると塩分の取りすぎになる」120
CLAIM 12「最近、なんだか味が落ちたみたいだけど……」123
CLAIM 13「食事中、何度もサービス係の手が目の前をよぎった、失礼だ！」126

第4章 【実践】スタッフに関するクレーム～こうすればベスト

CLAIM 1「館内をぶらぶらしているスタッフがいる。怠慢じゃないのか！」130
CLAIM 2「欧米のホテルに比べてサービスが悪い」133

CLAIM 3 「タクシーで玄関前に乗り付けたが、迅速に荷物を運んでくれなかった」 136
CLAIM 4 「不愉快な想いをした。スタッフの教育がなっていない！」 139
CLAIM 5 「ベッドの下に前の客の忘れ物が落ちていた」 142
CLAIM 6 「この前の部屋と同じレベルじゃなければ納得がいかない」 145
CLAIM 7 「説明はいいから、休ませてくれませんか」 148
CLAIM 8 「スタッフの気配りが足りない」 151
CLAIM 9 「混雑しているときのサービスが雑だった」 154
CLAIM 10 「チェックインした際、N新聞を入れてくれといったのに伝わっていない！」 157
CLAIM 11 「去年も結婚記念日できたのに、覚えていないのか！」 160
CLAIM 12 「サービスをするときなのに、『失礼します』とはどういうことなんだ！」 163
CLAIM 13 「『オー、ヤー、ＯＫ』とは失礼ないい方だな」 166
CLAIM 14 「なんだ、そのいい方は！ 失礼な」 169
CLAIM 15 「コートやストールの置場所くらい好きにさせてくれ！」 172
CLAIM 16 「サービス料金だからって、対応にまで差を付けるのか！」 175
コラム 「サービスの資格ってどんなもの？」

CONTENTS

## 第5章 クレームを出させない7つのルール

RULE1 100人のお客様には100通りの欲求がある 180
RULE2 「いわれた通り」ではなく、自分の仕事がなんであるのかを知る 183
RULE3 すべてのお客様に対して「公平」に接する 186
RULE4 「なにをするサービスか」を知っておく 189
RULE5 規則を守ってもらうためには手だてが必要 192
RULE6 マナーの遵守を促すのはスタッフの役目 195
RULE7 お客様の無理難題をすべて聞いてはいけない 198

# 第1章

# マニュアル通りの対応では、お客様は喜ばない

●お客様はまさに、千差万別の期待や想いを持って、あなたのお店にやってきます。お店が作ったマニュアルの決まり切ったサービスでは、クレームにつながってしまうのはそのためです。

●お客様に満足してもらえるサービスを創るにはどう考えればよいのでしょうか？

CLAIM

SERVICE 1

# お客様がきてくださるのにはワケがある

▼お客様は心地よさ、楽しさを求めてやってくる

手軽さが時代性を反映しているからか、ファーストフードは相変わらず花盛りといった印象です。しかし、これにも店による差が歴然としています。同じ看板を掲げたハンバーガーショップでも、ある店は門前市をなす賑わい、別の店は閑古鳥が鳴く状態ということが結構あります。

チェーン店の場合、材料や作り方のノウハウ、接客の方法は、本部で細かく決められ、指示が出されているわけですから、店によって味やボリュームに違いがあるはずはないし、もちろん価格も同じ。まあ、接客係の容姿に多少、個人的な好みはあっても、それが〝門前市〟と〝閑古鳥〟を分ける決め手になるとは思えません。

しかし、お客様は、距離的にははるかに近い地元のハンバーガーショップを素通りして、一駅先の店で買うという行動を現実にとっています。そして、それは気まぐれではなく、そうする必然があってのことです。

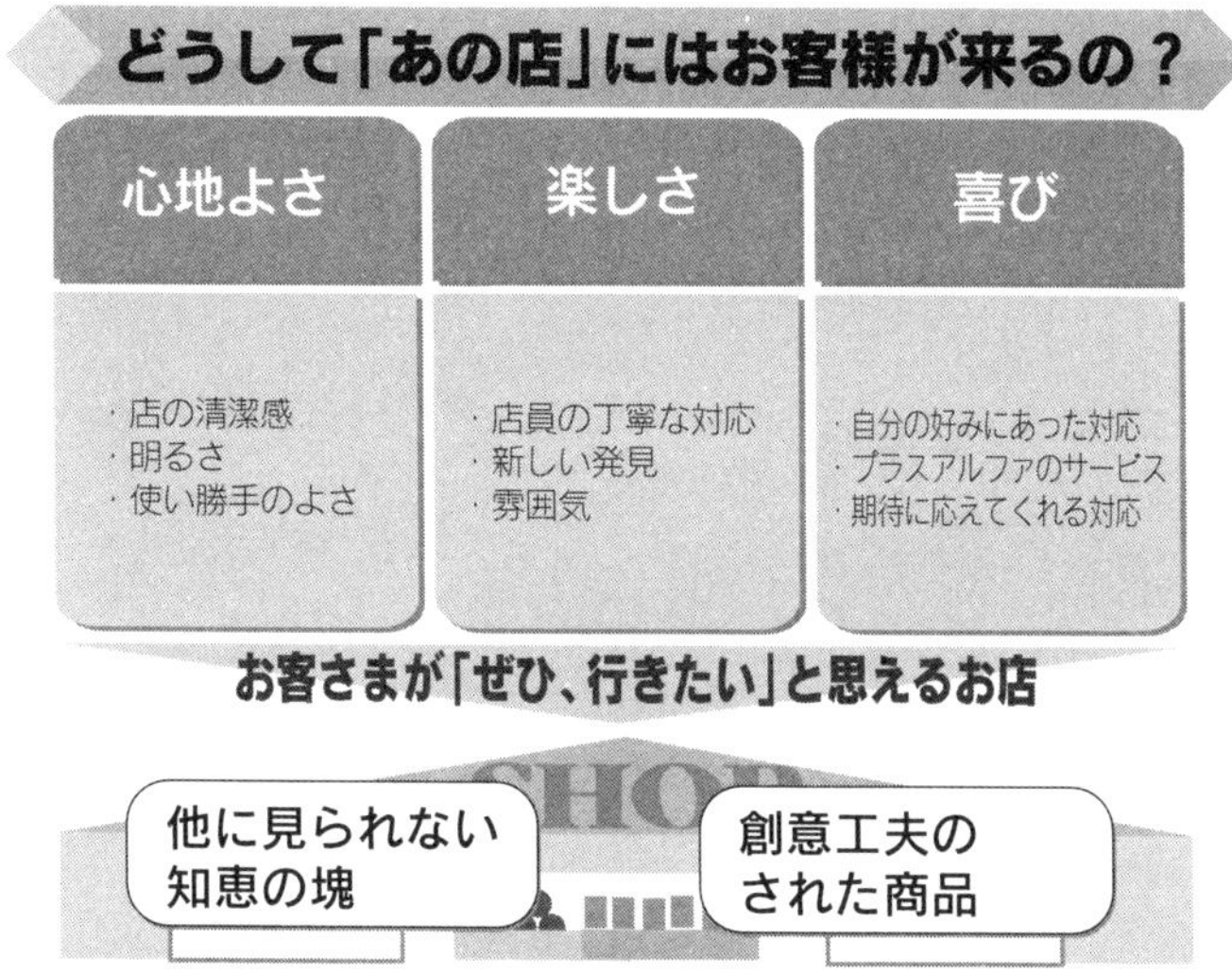
どうして「あの店」にはお客様が来るの？
心地よさ
・店の清潔感
・明るさ
・使い勝手のよさ
楽しさ
・店員の丁寧な対応
・新しい発見
・雰囲気
喜び
・自分の好みにあった対応
・プラスアルファのサービス
・期待に応えてくれる対応
お客さまが「ぜひ、行きたい」と思えるお店
SHOP
他に見られない知恵の塊
創意工夫のされた商品

その必然とはなにか？

心地よさや楽しさ、喜びといった、きわめて感性的な部分への働きかけがそれです。

「なんか、あの店って感じがいいんだよな」

「店の雰囲気が楽しいから、ちょっと遠いけどつい、あっちの店のほうに行っちゃう」

お客様を〝閑古鳥〟ではなく〝門前市〟のほうに向かわせる要素の一つは、そんな想いのなかにひそんでいます。それを理解しない限り、〝閑古鳥〟から抜け出すことはできないといってよいでしょう。

ただし、対応する側にはそれがなかなか見えにくいから厄介です。そこで、「値段も同じ、味も同じ、接客だってマニュアルを徹底しているのになぜだ!?」ということになるのですが、そのレベルで考えをめぐらせていては、文字通り、堂々めぐりに陥るのは必至です。

ここは発想の転換が必要です。お客様に心地よさや楽しさを提供するためにはどうすればよいのかを考えてみる。出発点はそこです。

確かに、マニュアル通りに対応していれば、お客様からクレームが出ることはないかもしれません。しかし、クレームを出さないようにすることと、期待感に応えること、満足感を与えることははっきり違います。

お客様の想いの領域にはさまざまなレベルがあります。クレームを出さないことはサービス業の基本ですが、〝ノン・クレーム〟の領域も一様ではないのです。

「別に文句はないけど……」

「結構、細かいところまで気を遣ってくれる」

「スタッフがきびきびしていて、いい感じ」

どれも〝ノン・クレーム〟の領域ですが、想いの違いはあきらかです。その違いが、そのままお客様に対する吸引力の差になっていることを知ることが〝門前市〟への第一歩です。

SERVICE 2

# お客様の〃想い〃に応える気配りとはなにか

## ▼常にそれぞれのお客様の立場に立って考えることが原点

サービス業に従事する人間に共通するポリシーとはなんでしょうか？

「それは当然、〃お客様第一〃ということじゃないか」

ご名答。では、お客様のことを第一に考えるとは、具体的にはなにをどのように考えることでしょう。これは、難問です。

「お客様にいわれたことにはなんでも応えるようにする」

これもお客様第一には違いありませんが、いわれたら応えるというのでは、受け身の感は否めません。もっとアグレッシブなお客様第一はないでしょうか。

「常にそれぞれのお客様の立場になって考える」

これがお客様第一の原点です。言葉を換えれば、お客様の想いを感知するアンテナを、いつでも広く張りめぐらせているということになるかもしれません。

「でも、うちはコンビニだから、お客様の立場になって考えるといっても、商品棚の配置とか、商品構成をどうするか、ということでしかないような気がするけど……」

実際、コンビニという商売のスタイルは、お客様とのコミュニケーションがなくても成立します。しかも、ほとんどがフランチャイズ・システムですから、商品棚の配置も商品構成も、販売実績のデータをもとに本部からこと細かく指示があるのが普通です。つまり、想いを感知する手だてがないし、その必要性もないというわけです。

しかし、こうした状況でもお客様の想いを感知することはできます。例えば、常連客に対する「いつもありがとうございます」の一言が、相手から「あの商品はもう少し低い位置においてくれると助かるんだけど……」といったヒントやアイデアを引き出すこともあるのではないでしょうか。

あるいは、いつもお弁当を買うお客様に「あたため方はちょうどよろしいでしょうか？」とたずねることで「ホントはもう少しあたたかいほうが……」という本音が出てくることもあると思うのです。

こうしたちょっとした心配りは、お客様の想いを感知することに直結します。一部のスキもなくシステムが確立している商売にも、お客様第一を実現する余地はいくらでもあることを知ってください。

## お客様の想いを知る手だて

1　常連のお客様、見覚えのあるお客様に気軽に挨拶をしてみる

「いつも、ありがとうございます」

「○○はもう少し低い位置に置いてほしいなあ」

2　気づいたことをお客様にうかがってみる

「あたため方は、よろしいでしょうか」

「本当は、もう少しあたたかい方が」

SERVICE 3

# クレームを防ぐ最高の手段とはなにか

## ▼サイレント・クレームを出さないためには「笑売」が大切

「しょうばい」という言葉を聞いたとき、連想するのはどんな文字でしょう。〃商品を売る〃「商売」というのがまずは圧倒的な多数派ということになると思いますが、こんな文字も「しょうばい」です。〃微笑みを売る〃「笑売」。

あらゆる分野で販売競争が激化している現在、単に商品を売る「商売」にとどまっていては生き残れません。にこやかな微笑みでお客様に接する。爽やかな笑顔で明るい雰囲気を提供する。笑いを売る「笑売」という面を付加していくことの重要性が増しているのです。この付加価値がサービスの質を決めるといっても過言ではないでしょう。

例えば、いつ行っても無表情なキャッシャーが、いかにもおざなり、マニュアルにあるからしかたがないという調子で「ありがとうございました」というコンビニと、元気よく笑顔で「まいどありがとうございました。今日はいつもよりいらっしゃるのが遅かったですね」と声をかけてくれるコンビニとでは、お客様の受け取り方はまったく違ったものに

## 鏡でチェックするお客様への接し方の注意点

1 **身だしなみ**
鏡を見て問題点を探す

2 **態度**
鏡を見て好感度の練習をする

3 **表情と動作**
鏡を見てぎこちなさをチェックする

4 **言葉づかい**
鏡を見ながら自分に声をかけてみる

なります。〝ごひいき〟にしようと考えるのは、間違いなく後者です。

前者も別にクレームの対象になるわけではないでしょう。しかし、口に出さなくても、お客様に「あのコンビニのキャッシャーの仏頂面、感じ悪いわねぇ」という想いを持たれてしまったら、商売としてはクレーム以上のダメージです。

はっきりしたクレームなら、フォローの方法もあるし、それによってお客様を引きとどめておくこともできない話ではありませんが、なにもいわないけれど不快感や不愉快な想いを持たれる〝サイレント・クレーム〟はシビアです。永久にそのお客様を失うことにもなりかねないのです。

どのようなクレームにしろ、カギはやはり、お客様とのコミュニケーションにあります。もちろん、ここでいうコミュニケーションは、機械的な「いらっしゃいませ」「ありがとうございました」ではありません。自動販売機や金融機関のATMでも〝声を出す〟時代なのです。おたがいの想いが通い合うことこそが、クレームを防ぎ、もう一度きてくれるお客様を創るのです。

笑顔は想いを通わせるツールとして、かなりのスグレものです。笑顔とともにお客様に言葉かけをする。それがコミュニケーションを生む土壌になります。仮にクレームがあっても、コミュニケーションのなかでその対応法が明確になりますから、あとは着実にそれをこなせばよいだけです。

このコミュニケーションの土壌作りには、経費はいっさいかかりません。微笑みは自分とお客様との交わりの第一歩と理解して、それを実践している人があまりに少ないのは、不思議というしかありません。「商売」は機械にでもできるが、「笑売」は人間にしかできないという認識。これは、サービスに於いての重要なポイントです。

SERVICE 4

## お客様それぞれの〝想い〟を知る方法

▼〝想い〟を知るためのカードを増やす

現在ではホテルのロビーを待ち合わせの場所に利用したり、ティールームで仕事の打ち合わせをしたりと、ホテルの〝敷居〟も随分、低くなってきました。しかし、まだまだ、ホテルは高級というイメージも残っているようです。

「ホテルのレストランで食事をしたけど、思ったほどじゃなかった」といった失望のクレームが出るのは、そんなところにも原因があるような気がします。確かに、豪華絢爛のインテリアが施され、金銀財宝がところ狭しと配されているという先入観をホテルに対して持っていれば、「なぁんだ！」ということになっても不思議はありません。

ホテルのレストランの料理は、この世のものとは思えない珍味が供される、という期待を持っていれば、「思ったほどではない」ということも十分ありそうです。とりわけ、「Simplicity and elegance」というところにコンセプトをおくオークラでは、残念ながら豪華絢爛は望めません。その種のクレームは甘んじてお受けする以外にありません。

しかし、サービスの質という点では、常に最高を目指すというスタンスを堅持しているつもりです。もちろん、これも100人100色のお客様すべてに満足していただくというわけにはいかないかもしれませんが、その努力は日々、スタッフ間の目標になっています。

これまでも再三、お話ししてきましたが、それぞれのお客様の〝想い〟を知ることが目標達成のカギです。想いを知る手がかりは、お客様の表情であり、しぐさであり、装いです。さらには全体の雰囲気から生活の哲学といったものを感じとることができれば、大きな手がかりになります。もちろん、言葉遣いもそうです。例えば、お客様が話されているのを耳にしたとして、それがどこの地方か判断できれば、対応に活かすことができます。

「お客様、秋田でいらっしゃいましょうか。冬は、きりたんぽがおいしゅうございますね」

そんな一言で、お客様のくつろぎ感が大いに増すことは間違いのないところ。くつろぎ感はホテルを利用されるお客様の重要な〝想い〟です。それに応えることで、「やっぱりあのホテルに泊まってよかった。くつろげる雰囲気ってやっぱりいいねぇ」という感想を持っていただければ、ホテルマン冥利に尽きるというところでしょう。通り一遍の対応ではこうはいきません。想いを知るための手がかりのカードを1枚ずつ増やしていく。それはサービスの質の向上につながっていくはずです。

## お客様の「想い」を知る手がかり

「想い」とは自分の心で事物の心を推し量る、五蘊（色・愛・想・識・行）を思い浮かべるの意味がある

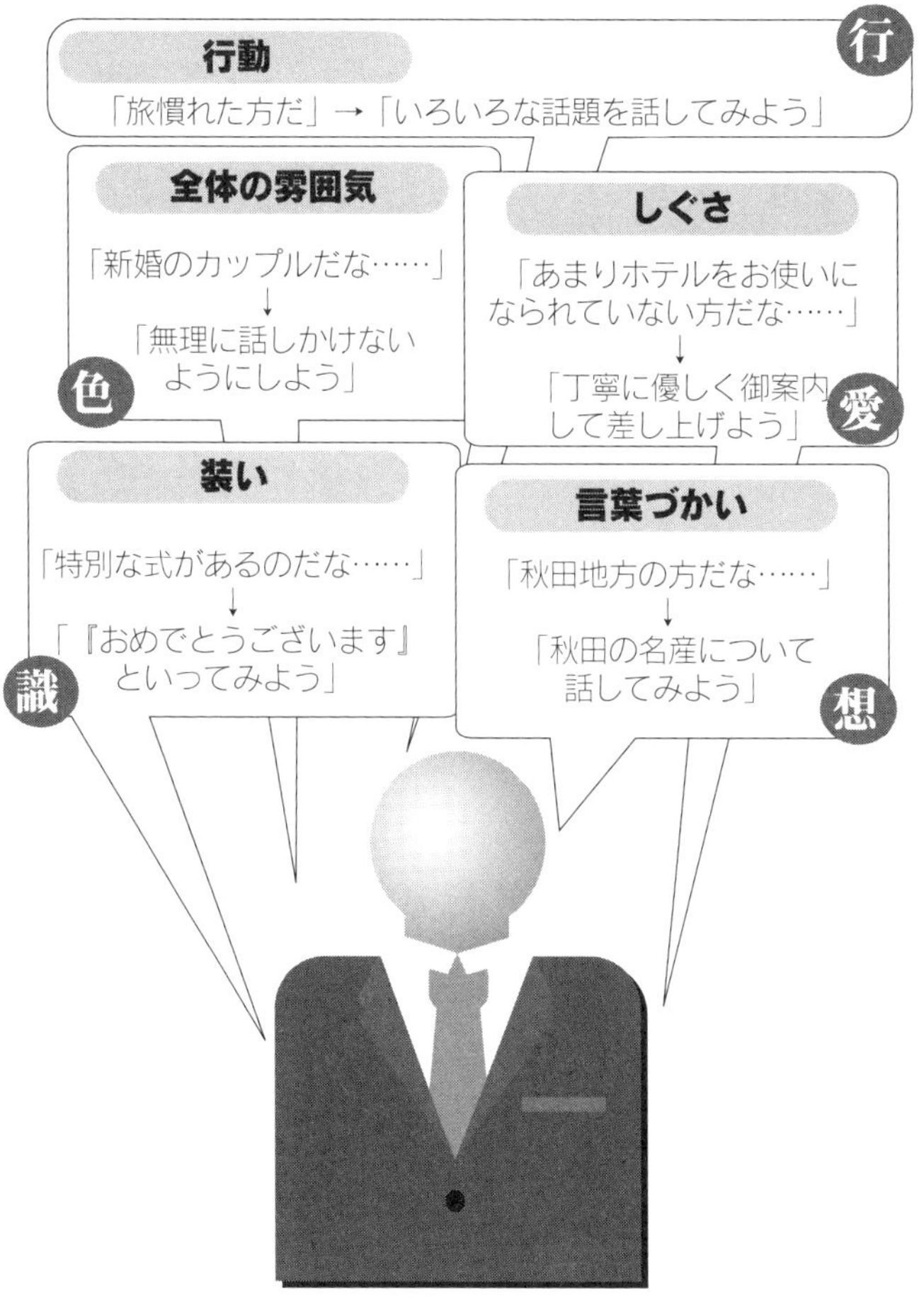
行
行動
「旅慣れた方だ」→「いろいろな話題を話してみよう」
色
全体の雰囲気
「新婚のカップルだな……」
↓
「無理に話しかけないようにしよう」
愛
しぐさ
「あまりホテルをお使いになられていない方だな……」
↓
「丁寧に優しく御案内して差し上げよう」
識
装い
「特別な式があるのだな……」
↓
「『おめでとうございます』といってみよう」
想
言葉づかい
「秋田地方の方だな……」
↓
「秋田の名産について話してみよう」

SERVICE 5

# ホテルで求められる〝日常〟とはなにか

## ▼お客様の日常と非日常の境目をどう見抜くかが大切

あるホテルを定宿にしている人が、フロントで「いらっしゃいませ。お泊まりでございますか?」と聞かれたというのです。もう何百回も宿泊しているのに、ホテルのスタッフはその人の顔を覚えていなかったというわけです。これでは常連客も拍子抜けでしょう。腹立たしい気分にもなろうというものです。

ホテルという空間は、利用されるお客様にとって非日常の場です。ところが、頻繁《ひんぱん》に利用していると、そこに日常性を求めるようになってくるのです。つまり、外出から戻ってくれば、当然、「お帰りなさいませ」の挨拶を期待するし、それが心地よいというわけです。そこに「いらっしゃいませ」では、クレームの一つもいいたくなるのが人情です。ホテル側としてはあきらかな失態です。常連客についての情報はスタッフ間に徹底させる必要があります。

しかし、それでも新人スタッフが確認できていないなどの間違いが起こる可能性はある。

## 日常を求めるお客様・非日常を求めるお客様

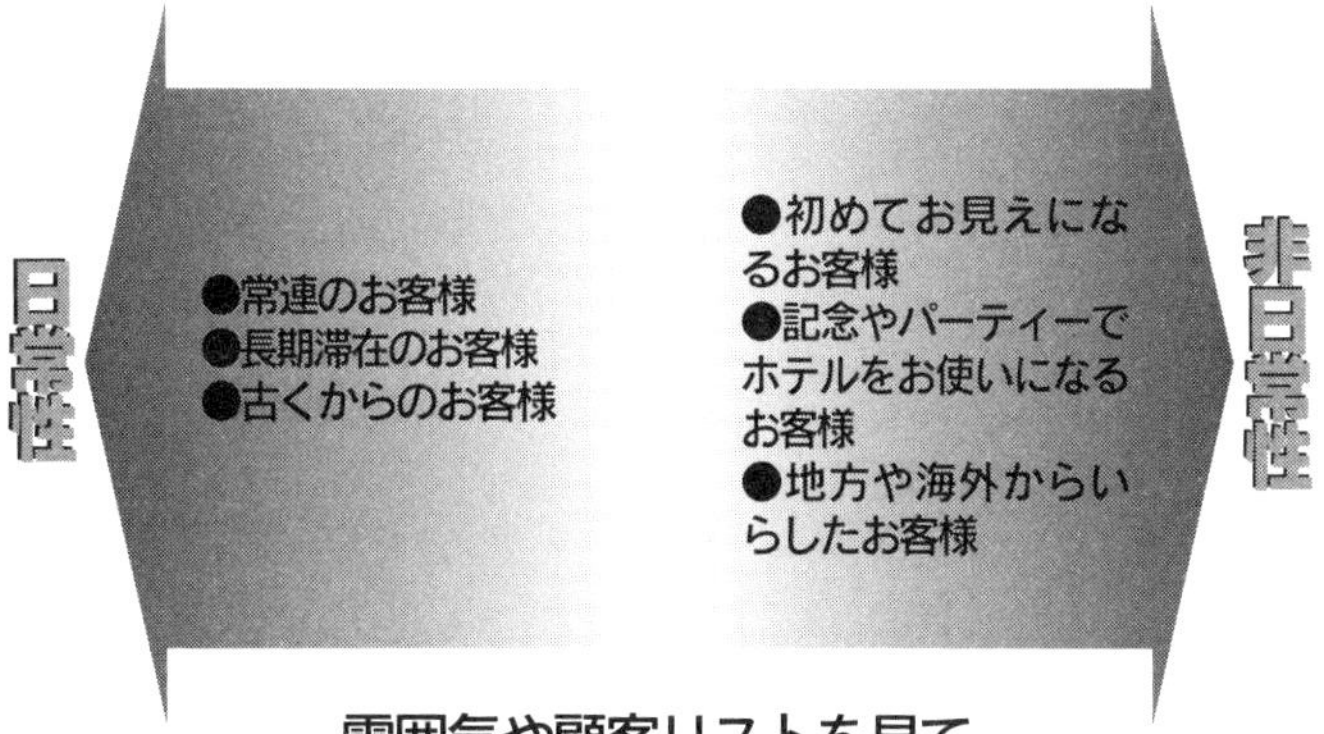
日常性
●常連のお客様
●長期滞在のお客様
●古くからのお客様
非日常性
●初めてお見えになるお客様
●記念やパーティーでホテルをお使いになるお客様
●地方や海外からいらしたお客様

雰囲気や顧客リストを見て
臨機応変な対応をする

それがクレームに発展してしまうか、クレームにさせずに処理できるかのポイントは、機転にかかっています。

例えば、初めてホテルを利用するお客様に対して「ようこそ。いつもありがとうございます」といった場合、文句が出るでしょうか。「俺は初めてなのにいい加減なことをいうな」と柳眉を逆立てるようなお客は、おそらくいないはずです。

たいがいは、「なかなか気持ちのよいホテルじゃないか。また、くるとするか」となるのが相場です。新参者でも〝俺の家〟感覚にさせてくれる一言は、存外、気持ちのよいものなのです。

ただし、さじ加減は大切。相手の表情やしぐさにおどおどしている雰囲気が感じられるときは、「いつも〜」は逆効果です。

「ホテルなんて初めてなのに、いつもありがとうだなんて。俺をバカにしているのでは？」という不快感を与えてしまうことだってありうるからです。そのあたりを見きわめて臨機応変に対応をすることも不可欠です。

このように、非日常の場であるホテルで、文字通り、非日常性を求めているのか、あるいは日常性を求めているのかを、咄嗟に判断できるかどうかは、ホテルマンとしての重要な資質だといえます。

その判断ミスは、クレームにつながる大きな要素。心してかからなければいけません。もちろん、これはホテルばかりではなく、あらゆる非日常の場に共通します。デパートで非日常的気分でショッピングをしているときに、あれこれつきまとって辟易とさせる店員など、心得違いの典型です。

SERVICE 6

# お客様の趣味嗜好には「できる範囲」でお応えする

▼「とりあえず、要望を出してみようか」と思わせる状況をつくる

ホテルのバスルームには、もちろん、洗顔や入浴に必要なグッズが備えられています。石けん、シャンプー&リンス、歯ブラシ&歯磨き、ローション&整髪料……。

それらはある程度のレベルの製品です。つまり、歯ブラシに妙な粉がついているようないないような"安物"ということはありません。しかし、それでもお客様からクレームが出ることがあります。

「この石けんの香りがあまり好きじゃない」

「歯ブラシの毛が硬すぎる。オークラらしくない」

なにをもって"オークラらしい"と考えているのかは定かではありませんが、おそらく、想像していたほど高級感が感じられないものだったということなのでしょう。

しかし、ホテルとはいえ、備品をすべて超高級ブランド品で統一するというわけにはいきません。そんなことをしたら、とてもコスト面で見合わないからです。第一、高級ブラ

ンド品を揃えたとしても、それ以外のブランドを愛用されているお客様は、やはり不満を持つことになるわけですから、収拾がつかなくなります。

お客様の想いとしては、「普段、使い慣れているものを揃えておいてくれるのが一番」ということだと思います。のです。自分の好みの化粧品は自分で持ち歩くお客様も増えてきているのです。

趣味嗜好は各人各様ということを考えれば各々のお客様の趣味にあったものをおくことは現実には不可能です。さまざまなブランドをズラリと取り揃え「お好きなものを……」とやるのはドラッグストアのテリトリーです。ホテルのおよぶところではありません。

ヨーロッパなどのホテルでは、かなりグレードの高いところでも歯ブラシや歯磨きはおいていないのが一般的ですが、それに対するクレームがあったという話は聞いたことがありません。

まあ、日本のホテルではヨーロッパ流を押しつけることもできませんし、バスルームに揃えているものとは別のブランドのものも何種類か用意している場合がほとんどです。別のものが欲しい場合は、申し出ていただければ、できる範囲で要望には添えるように準備されているものです。不満があったら、とりあえず要望してみる。お客様にそんなスタンスを持っていただけるような状況をスタッフは用意しておく必要があるのです。

# ホテルの備品リスト

## 備品類

灰皿　ソープ皿　アメニティかご　ヘアドライヤー　タンブラー8オンス　シューホーン　ビニールスリッパ　タオル地スリッパ　洋服ブラシ　紳士用ハンガー　婦人用ハンガー　メモパッド　非常灯　ハーフテッシュボックス　ティーカップ　ティースプーン　ティーソーサー　ティーカップのふた　ティーバッグケース

## 消耗品類

グラスカバー　マッチ　サゼェッションカード　ステーショナリーカバー　パーソナル封筒　エアメール封筒　シーメール封筒　和文封筒　パーソナル便箋　シーメール便箋　絵はがき　FAXカバーシート　メモ用紙　ランドリーリスト　ランドリーバッグ　千代紙　国際電話案内　FAX利用案内　物干しロープ　TV利用案内　ホテルパンフレット（和文）　ホテルパンフレット（英文）　ボールペン　汚物入れ用ビニール袋　金庫利用案内　赤札・青札　バスタブマット　煎茶ティーバッグ　コーヒーティーバッグ　他

## アメニティ

歯ブラシ（白・青）　カミソリ　シャンプー　リンス　シェービングフォーム　シャワーキャップ　クインドロップ　ファンシーソープ　櫛　男性化粧品セット　女性化粧品セット　綿棒　シュークロス　ロールテッシュ　クリネックステッシュ　バスバブルス　ソーイングセット　他

SERVICE 7

# 「習慣」「しきたり」は通用しない

▼発想力を持って、マンネリ、しきたりから脱することを考える

個人の嗜好はさまざまです。そこにサービスの難しさもあります。例えば、「ジュースが欲しい」というお客様にとびきり新鮮なオレンジを搾ったフレッシュ・ジュースを出したとして、さて、満足していただけるでしょうか。

これは大いに疑問です。一昔前なら、ジュースといえばオレンジと決めてかかっても、はずれはなかったと思いますが、現在はジュースの種類も多彩になっています。相手が野菜ジュースを所望していたり、グァバジュースを期待していたりということは、十分あり得ること。せっかくのフレッシュ・オレンジが渋面で迎えられることは珍しくないのです。

サービスではことごとく、個人の嗜好にマッチングしたものを提供しないとクレームのことごとく対象になる。今はそんな時代です。思い込みやそれまでの習慣、しきたりを押し通そうとしても通用しません。

先日、宿泊した旅館でこんなことがありました。朝、早くに家を出て到着までに9時間

## +αのサービスを生む「チェックリスト」発想法

### ●発想力を付けるチェックリスト

| | |
|---|---|
| 他に使い道はないか | 他の使い道を考えてみる |
| 他のアイデアを借りられないか | 他のアイデアを借りてみる |
| 部分的に変えてみたらどうか | 部分的に変えてみる |
| 大きくしたらどうか | もともと、小さいものを大型、拡大化してみる |
| 小さくしたらどうか | もともと、大きいものを小型、縮小化してみる |
| 代用したらどうか | 別のものを使って作ってみる |
| 入れ替えたらどうか | そうあるべきものを入れ替えてみる |
| 逆にしたらどうか | 正反対のものを逆にしてみる |
| 組み合わせたらどうか | 2つのものを組み合わせてみる |

もかかり、風呂を浴びて食事となると午後7時半くらいがこちらにとっては好都合。当初の予定では6時半から7時を夕食時間として伝えてあったのですが、その旨を告げると、旅館側は嫌な顔をするでもなく、予定変更に応じてくれました。

まあ、かなり値段のよい旅館だったということもあって、わがままを通してくれたという面もあると思いますが、この程度の臨機応変な対応力を持ち合わせていないと、お客様を満足させるサービスはできません。

「うちでは7時には夕食を召し上がっていただくのが〝きまり〟ですから、そうしていただかないと……」などといわれれば、売り言葉に買い言葉、「私はこの店のきまりで利用するわけじゃないんだ！」の罵声も口をついて出るというものです。運動部の合宿じゃあるまいし、食事の時間も自由にならないのでは、骨休めなどできるはずもありません。

考えてみれば、習慣や常識に流されて、発想力を失っているケースはどこにでもあります。典型的なのが観光地のレストランやお土産店。

稚内に行ったときのことですが、名物料理を聞いたら、ご多聞にもれず、タラバガニやらうに丼、イクラ丼だという。むろん、北海道の海の幸の旨さを否定するわけではありませんが、あまりにも常識に捕らわれすぎて発想が貧弱だという気がするのです。

少し常識を外してみれば、次のようにも考えられます。稚内といえば、海を隔ててサハリンまでは指呼《しこ》の距離。天気がよい日には彼の地を望めるというのですから、絶品のロシア料理でも提供すれば、それだけで稚内名物になると思うのです。ロシアを眺めながら食する本格ロシア料理なんて、他の観光地ではまずできない相談です。サービスは発想を得て光る。少しはそこに想いを致してもよいのでは？

SERVICE 8

# 〝想い〟を無視したサービスではお客様を失う

▼意識改革に取り組まないサービスは淘汰される

ゴルフは私の趣味の一つですが、ゴルフ場ではしばしば腹立たしさを感じることがあります。ゴルフ場のレストランは、ほとんどが決まり切ったメニューしかないというのが相場。まあ、スタート前に軽く朝食をとるとか、午後のラウンドの前に腹ごしらえをするのが目的ですから、「絶品！」と舌鼓を打たせるような料理を提供する必要はないということなのでしょう。それはよいとしても、こちらがちょっとした要求をしても、頑として受け入れないところが多いのには腹が立つというものです。

私はサンドイッチでもパンをトーストしたものが好みです。そこで、あるゴルフ場のレストランで、「サンドイッチのパンをトーストにして欲しい」と頼んだのです。

ところがウエイターは、「サンドイッチはトースト用のパンを使いませんから、できません」という。トースト用のパンだろうが、サンドイッチ用だろうが、ササッと焼けばすむことです。それができないとは、〝想い〟の無視もはなはだしい。ゴルフ場のレストランでなければ、すぐに閑古鳥が鳴いて閉店に追い込まれたって不思議はありません。

卵にも〝恨み〟があります。これは別のゴルフ場ですが、朝食にボイルドエッグを頼んだら、「こちらではスクランブルエッグしかご用意できません」ときた。ボイルドエッグなど、鍋と水があれば子供にでもできる代物です。仮にもレストランと名がつくところでそれができないとは唖然とするばかりですが、これには理由があるのです。

卵の場合、卵黄だけを缶に入れたものがあります。これを使っているレストランでは、ボイルドエッグはできません。しかし、厨房に殻つきの卵が1個もないはずはない。

ちょっと気がきけば、そいつを1個提供してボイルドエッグを作るぐらいのことはできるのです。要は想いに応えようとする姿勢があるかないかの問題ではないでしょうか。

時代はもはや、ゴルフ場の予約を取るのに四苦八苦するバブル全盛期ではありません。にもかかわらず、いまだに「ゴルフをやらせてやっている」という感覚のゴルフ場が多いのは、いかにも認識不足。そろそろ意識変革につとめ、サービスのなんたるかを考え直さないと、淘汰されるゴルフ場が続出ということになるのは目に見えています。

まずは、トーステッド・サンドイッチとボイルドエッグを〝Yes,sir〟と提供するところから始めてはいかがか……。

お客様の「想い」に応える姿勢
お客様からの「想い」「要望」

メニューにはないんだけど……

「ボイルドエッグが食べたい」

「トーステッド・サンドイッチが食べたい」

「想い」に応えるための障害
トースト用のパンがない！

料金はどうすればいいの？

卵がない！

急にそんなことをいわれても……

全部に応えることはないだろう……

お客様に満足していただきたい
「できません」

「なんとかお作りします」

閑古鳥…

繁盛店へ

SERVICE 9

# 「親切」と「不親切」の差はなにか

▼感動を与えるサービスは規則よりお客様の想いを重んじること

関西のあるホテルに宿泊した際、こんなことがありました。翌日の出発が早かったので、前日、開店時間の朝6時にレストランでコーヒーを飲みたいとレストランに話していたのですが、その朝、私がそのレストランに着いたのは10分前の5時50分だったのです。

さすがに「お入りになるのは6時までお待ちください」といわれることはなく、レストラン内には入れてくれたのですが、コーヒーは出てきません。とはいえ、約束は6時ですから、私がそれに文句をいうのは筋違い。黙ってその時間まで待つことにしました。

しかし、店内にはコーヒーの香りが漂い、準備が整っていることはあきらかでした。（コーヒーが入っているのなら、なにも6時という約束を厳守することはないじゃないか。早く持ってきてくれたっていいと思うが）

というのがそのときの私の偽らざる想いです。しかも、店内では従業員が開店前のひとき、コーヒーを楽しんでいたのです。確かに文句をいう筋合いではありませんが、これ

## すぐにできる、ちょっとした「親切」

| 状況 | | サービス |
|---|---|---|
| 開店前だけど、コーヒーならお出しできる | 対応 | 「まだ、お食事は用意できておりませんが、コーヒーだけでもお出し致しましょうか」 |
| お部屋はまだ用意できていないけれど、空いている部屋はある | 対応 | 「ご予約いただいたお部屋の準備はまだできておりませんが、先に別のお部屋でお休みになれますが」 |

はあまりにも杓子定規だと思うのです。

「まだ6時前ですが、今、コーヒーなら差し上げられます。お持ちしましょうか?」

このようにいわれれば、こわもてでなる私の顔もすっかりほころんだのは間違いのないところ。こうした「親切」がお客様に喜んでいただき、さらには感動を与えることにつながっていくのです。杓子定規ではなかなか感動は生まれません。

開店時間前であっても、その時点でできるサービスはあるはずです。規則だからと、その提供を申し出る姿勢を持たないのは、私にいわせれば「親切不足」です。

「相手が時間より早くきたわけだし、待ってもたかが10分……」と考えるか、「コーヒーだけなら出せるから、うかがってみよう」と考えるのとでは、お客様が受け取る印象はまったく違います。その印象はサービスを担当する係に対するものではなく、店そのものに対する印象です。前者と後者では、どちらがたくさんリピーターを獲得できるかは、説明するまでもありません。

「やはり、コーヒーだけでなく、朝食を出す準備が整ってからサービスを始めるほうがよいのでは？」

という意見もあると思いますが、それはお客様に断ればすむこと。

「今、朝食は準備中でございますが、お席のほうにご案内させていただきます。よろしければ、コーヒーを先にお持ちしましょうか？　朝食のほうは5～6分、お待ちいただくことになりますが……」

そんな対応なら、お客様は気持ちよく1日を始められるに違いありません。

SERVICE 10

# 歓迎ムードを創るにはどうすればよいのか

▼ホテルの哲学を含めた継承をスタッフに徹底する

「以前のような歓迎ムードがない」

古くからご利用いただいているお客様から、たまにこんな嘆きをうかがうことがあります。歓迎ムードがないというのは「ようこそいらっしゃいました。ありがとうございます」という〝WELCOME〟の気持ちが、スタッフから感じとれないということなのでしょう。

この原因は時代の流れというところにあるような気がします。古くからのお客様のなかにあるオークラのイメージは、日本のホテルの黎明期でもあった創業当時に形作られたものでしょう。当時のスタッフは、お客様と接するなかで多くのことを学び、サービスについて考え、ノウハウと同時にいってみればフィロソフィ（哲学）を作り上げてきました。その意味では、サービスのノウハウは未熟でも、お客様との接触は密で、想いを汲み取ることに必死にエネルギーを傾けてきたように思えます。

しかし、時代が流れ、オークラ哲学の作り手たちは年齢を重ね、ほとんど現場からは引いて、裏方の仕事にまわっています。代わって、創業時に産声を上げた若い世代が、お客様と接しているわけです。当然、彼らもオークラのスタッフとして教育を受け、プライドを持って仕事にあたっているのですが、古くからのお客様にとってはどこか違う。

サービスのノウハウという点では、創業当時より洗練の度も加え、お客様の心地よさ、快適さを提供できる体制になっているはずですが、哲学の伝承という面では問題がなきにしもあらず、というのが私の実感です。

現在のスタッフは確かに、「オークラでは他のホテルより質のよいサービスを提供しなければいけない」という使命感は持っています。しかし、それが技術に走りすぎてはいないか。その結果、通り一遍の〝WELCOME〟になってしまってはいないかという懸念をいつも持っています。

もちろん、その責の多くは現在の若いスタッフの側にあるのではなく、哲学の伝承を怠った（私も含めた）〝古狸〟の面々の側にあるわけです。ここは考え直す時期にきているのかもしれません。

それを復活させるためには、オークラで仕事をする喜びをスタッフに感じさせる、さらなる教育が必要です。進化するサービスのなかでも変わらない核。まさにそれが哲学です。及ばずながら、私もその伝承に力を尽くそうと、考えている今日この頃です。

## ホテルオークラマンスピリット

・常に前進せよ
・世界一のホテルをめざせ
・和を保て
・親切に徹せよ
・楽しい職場をつくれ

*開業年度の入社式における故野田名誉会長の訓辞

**BEST A.C.S.**

**A**=ACCOMMODATION（**設備**）

**C**=CUISINE（**料理**）

**S**=SERVICE（サービス）

常に、設備、料理、サービスを最高の状態でお客様に
提供しなければならない。
そのために、技術面と精神面を日々鍛錬し、
必ずお客様に満足していただけるよう努力する
清楚で優雅な日本の心、雰囲気づくりを忘れない

## COLUMN ホテル（Hotel）の語源とは？

この本のなかにも多数登場し、皆さんがいつも普通に使っている〝ホテル〟（Hotel）とは一体、なにを意味するものなのでしょうか。実は、ホテル（Hotel）という言葉は、その誕生と変遷、存在意義をも表す言葉なのです。

ホテル（Hotel）は、もともとフランス語のホテル（Hotel）で中世ロマンス語のホスタル（Hostal）がその語源となっています。さらにその源をたどっていくと、ラテン語のホスピターレ（Hospitale）となります。それは「旅人や客を暖かくもてなす」という意味で、単なる宿、宿泊施設という意味ではないのです。

さらに、ホテルの変遷をたどってみると、ローマ帝国時代（B.C.27年～A.D.375年）から5世紀にかけて、キリスト教徒の巡礼者の宿舎としてホスピス（Hospice）と呼ばれるものがあったそうです。14世紀中頃のルネッサンス期のイギリスではイン（Inn）という宿泊施設ができはじめ、この頃から、それまで商人と巡礼者ばかりだった旅人のなかに、一般の観光旅行者が増えだしました。町の通りに面した2～3階建ての建物で、中庭は馬車の発着所になっていました。

18世紀になると、産業革命を経て、交通の便利な場所にあった宿場町は、貿易が盛んになり商業都市へ、商業都市は大都市へと発展していきました。それまで宿場町にあったイン（Inn）は、都市の変遷にそって街道沿いの小さなものから都市部の大きなイン（Inn）になっていきました。その大きな宿をヨーロッパではホテル（Hotel）と呼び、それまでの街道沿いの小さな宿をイン（Inn）と区別しました。

ヨーロッパで最初にホテルと名乗ったのは1770年にできた、フランスのカレーの『Dessiens's Hotel』です。

現在の日本では、ホテルの定義は『旅館業法』に定められていて、「洋式の構造及び設備を主とする施設で、宿泊料を受けて、人を宿泊させる営業」とされています。わざわざ、「洋式」と区別するというのも、日本にもそれまで独自の宿泊施設があったわけで、16世紀頃の湯代（木賃）を払う自炊の宿「木賃宿」、江戸時代の行楽目的の旅人が利用する「旅篭屋」、商人が利用する「問丸」などが存在していました。

ちなみに、日本で初のホテルは、1860年オランダ人フーフナーゲルが経営する『横浜ホテル』です。

単に宿泊施設をホテルと呼ぶことは、語源からしても、その歴史からしてもホテルの定義に合わないということなのでしょう。

# 第2章

# 【実践】設備上のクレーム

## ～こうすればベスト

●クレームの出る状況はさまざまです。ここでは、設備や備品に関する実際のクレームからどう対処していくかを見ていきましょう。

CLAIM

# CLAIM 1

# 「ホテルの場所がわからない!」

**クレームの状況**

フロントに電話がかかってきた。

今日、ホテルのご宿泊の予定のお客様からである。

「ええと、今、最寄り駅まできているのですが、道順がわからないんです。地図の通りにいっても別のところに出てしまって……」

大変お困りの様子なので、さらに詳しく説明をして、なんとか、お客様はホテルにご到着されたが、「ちょっと、道がわかりづらいね。よいホテルだけど、待ち合わせには使えないな」と疲れた顔でおっしゃられた。


オークラがあるのは虎ノ門の小高い場所です。創業当時は、周囲に高い建物がなかったということもあって、地下鉄の虎ノ門駅から地上に出ると、すぐにホテルの所在はわかるという状況でした。ところが、高層ビルが林立してしまった今は、なかなかホテルを見つけにくいというのが実状です。

これは客足が遠のく大きな原因になります。例えば、仕事関係の人間や友人・知人と待ち合わせをするようなとき、「虎ノ門のオークラにしようか」という提案があっても、「あそこはわかりにくいからなぁ。初めていく人は迷っちゃうんじゃないか。別の場所のほう

## 「場所がわからない」お客様を誘導する方法

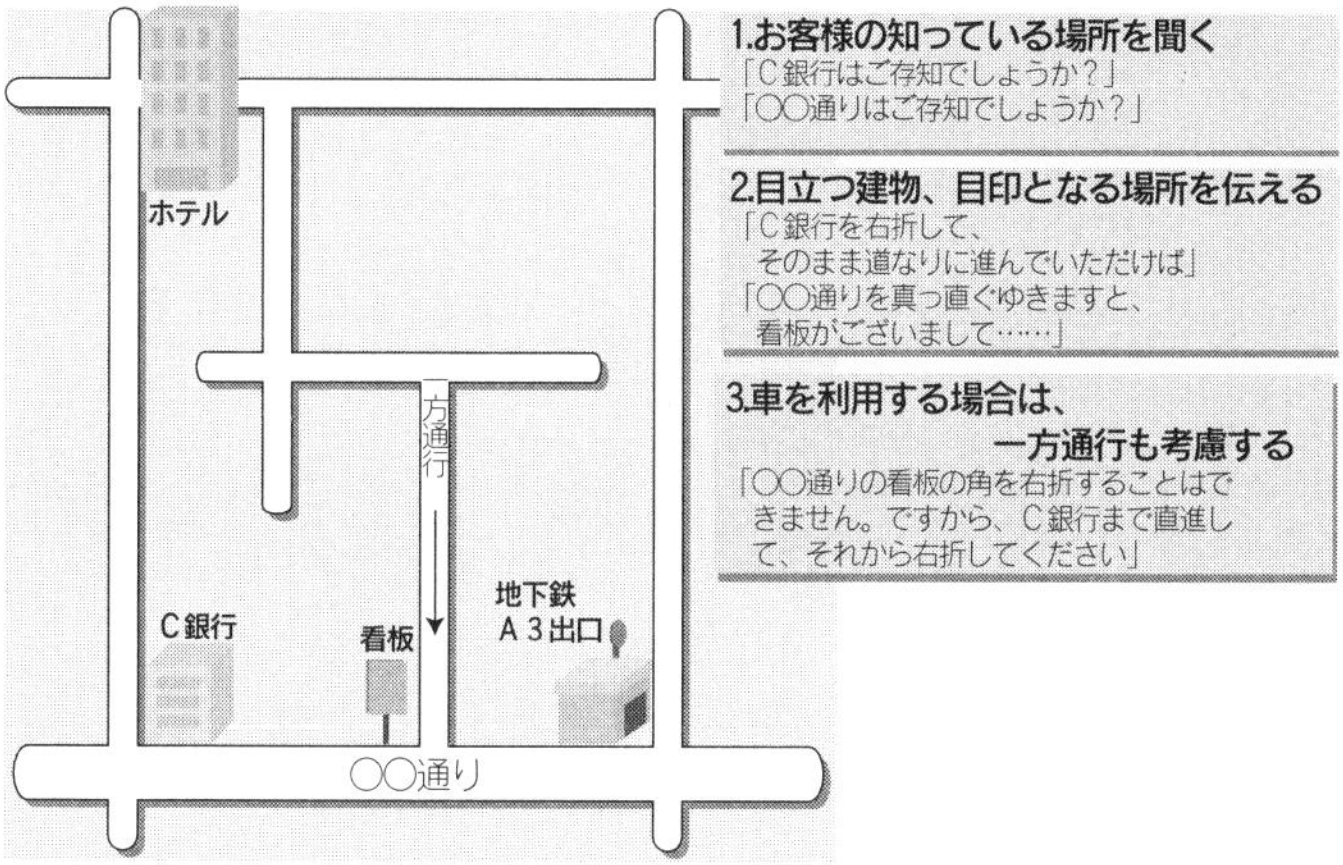
1.お客様の知っている場所を聞く
「C銀行はご存知でしょうか？」
「〇〇通りはご存知でしょうか？」
2.目立つ建物、目印となる場所を伝える
「C銀行を右折して、
そのまま道なりに進んでいただけば」
「〇〇通りを真っ直ぐゆきますと、
看板がございまして……」
3.車を利用する場合は、
一方通行も考慮する
「〇〇通りの看板の角を右折することはできません。ですから、C銀行まで直進して、それから右折してください」
ホテル
一方通行
C銀行
看板
地下鉄
A３出口
〇〇通り

が間違いがなくていいよ」ということになりかねないからです。ホテルにしろ、レストランや喫茶店にしろ、所在のわかりやすさは、利用者にとって大きなメリットなのです。

そのメリットに欠ける場合は、不利な状況をカバーする手だてを講じる必要があります。道筋を示す看板を随所に掲げるというのも一計。しかし、ホテルに至る道はいくつもありますから、そのすべてをフォローすることは、コストの面からも難しいかもしれません。

とすれば、最寄り駅近くに情報源を設けておくのも考えるべき一手。駅近くの店舗はその候補です。目的の場所がわからなければ、駅の近くの店でたずねるというのが、ごく一般的な行動でしょう。そこで親切に教えてくれれば、わかりにくいというデメリットも解消されます。

ただし、お店としては1日、何十人にも同じことをたずねられたら、「うちは、オークラの案内所じゃない！」という気持ちにもなります。そのフォローがあるかないかが重要です。

情報源として頻繁に利用されそうな店に対しては、「いつもお手数をおかけしています。おかげさまで大変助かっています。今後ともよろしくお願いします」と一言挨拶しておくとか、ちょっとした手土産を持参するとか……。なにごとも気は心。そうした心配りがあれば、その店は情報源としての役割を快く引き受けてくれるのではないでしょうか。

まず、お客様が利用しやすい状況を作る。それなしには、いくらサービスの質の向上に努めても宝の持ち腐れになる可能性は大。

「いらしたお客様には最上級のサービスを提供しよう」

という意気込みは〝買い〟ですが、その前段階である〝お客様にきていただくためになすべきことをする〟という部分が抜け落ちていたのでは、意気込みも空まわりに終わります。所在の明確化はサービスを提供する前提です。

**【対応】看板を設置するのももちろんだが、最寄り駅などの情報源となってもらえる店、人に根回しをしておくと、お客様が利用しやすい状況が作れる**

CLAIM 2

# 「ロビーがどこにあるのかわかりづらい」

**クレームの状況**

「ホテルの構造がよくわからない」

とのお客様からの問い合わせがあった。

確かに、山の中腹に建っている建物なので、複雑な構造になっている。

内線電話で説明したが、よく理解してもらえない。なかなか伝わらず、とうとうお客様が怒りだしてしまった。

「わかりにくい建物ならば、なぜ、もっと誘導の看板をおいておかないんだ!」


読者がオークラを利用されたことがあるかどうかはわかりませんが、このホテルにはちょっとした〝難点〟があります。

オークラの本館は正面入口のドアを入ったところがロビーフロアになっています。車から降りてそのままの階ですから、お客様がそこを1階だと思い込まれても無理のない話なのですが、じつはそこが5階なのです。そこで、2階に用事がある場合など、エレベーターで上に昇ってしまわれるお客様もおり、面倒をおかけすることになってしまっています。

こんなことになった原因は建築法にあります。ホテルのあるあたりは住宅専用区域だったため、建築する建物の高さは地表から20数メートル以内という規制があるのです。そこで、高さをかせぐために小山の頂点を地表（0メートル）として計算したわけです。つまり、規制の範囲である20数メートルの部分に5階から11階までが建ち、1階から4階まではその下にあるという構造なのです。いかに法律に定められていることとはいえそれはオークラ側の勝手。もちろん、お客様に面倒をおかけする理由になるはずもありません。

「ロビーの場所がわかりづらい、不親切だ」

というようなクレームがついても当然です。しかし、創業以来、通してきた〝勝手〟を今さら変更すれば、それはそれで混乱のもと。このクレームへの対応は違った形で考える必要があります。それでは、オークラではどうしているか？

構造的な不備はスタッフが補うのがセオリーですから、オークラではほかのホテルより多くのフロアスタッフを配し、迷っているお客様をできる限り速やかに誘導するように指導しています。それも、「その宴会場は2階でございますから、エレベーターでお降りください」という通り一編のものではなく、エレベーターまでご案内して、エレベーター係にお客様のご利用階数を告げるというところまで、徹底させています。

ただし、それもケース・バイ・ケース。何度も利用されていて館内の事情にある程度通じているお客様に対して、そこまでするのはありがた迷惑ですから、さじ加減が大切です。

## 館内で迷っているお客様を誘導する

頭
施設内がわかりにくいのは、こちらの勝手であると理解し、お客様に対して丁寧な対応をする
手
手は、お客様を案内する方向を、掌を開いて丁寧に示す
足
途中までお客様の行かれる所に同行する
目
お客様のしぐさ、表情、立ち振るまいから、館内を知っているお客様か、あまりご存知でないお客様かを的確に見抜く

お客様のしぐさや表情から、どこまでして差し上げるのがベストかを読み取らなければいけません。

もう一つポイントになるのは、ご案内する際の〝手〟です。「エレベーターはどこ?」と聞かれて「あちらでございます」といいながら、指でその方向を指し示すというのではダメ。掌を開いてお客様と数メートル一緒に歩きながら御案内します。わずかなしぐさの違いのようですが、お客様の好感度に格段の差があります。開いた掌のあたたかさは、真心を感じさせるからです。

**【対応】スタッフによる、きめ細やかな誘導によって真心を感じていただけるようにする**

# CLAIM 3

# 「（他人に聞いたところ）評判がよくない」

**クレームの状況**

フロントにキャンセルの電話が入った。数日前に「楽しみにしています」とおっしゃられていたので、スタッフも心待ちにしていたお客様だった。
「なにか、ご都合でもございましたでしょうか？」とうかがってみると、そのお客様は冷たい声でおっしゃられた。
「タクシーに乗って、運転手に聞いたんだけど、あんまり評判がよくないみたいだったので、別のホテルに予約を入れ直したんですよ」

ホテルというビジネスは、いかにたくさんのお客様にきていただけるかが生命線です。どこのホテルでも、そのために腐心していて、定期的にイベントを組んだり、ディナーと宿泊をパックにした商品を提供するなど、さまざまな企画を立てたりしています。

もちろん、その種の営業努力は大切ですが、さらに日常的な努力も求められます。オークラは前述したようにロケーションの点でやや弱点があります。最寄り駅に降り立てば、すぐにホテルの建物が見えるわけではありませんし、歩けば7〜8分ほどはかかります。

その弱点を乗り越えて、たくさんのお客様にきていただくためには、外国人のお客様や

## 口コミの情報源となるのはどこか？

| タクシードライバー | 近所のコンビニタバコ屋 | 最寄り駅 | 近隣の交番 |
|---|---|---|---|
| お客様を、絶えずホテルに案内してくれるキーパーソン | ホテルまでの道に迷ったお客様の案内をしてくれる | ホテルにいらっしゃるお客様が、最も、道をたずねる場所 | 車でお見えになるお客様など、場所をたずねる頻度の高い場所 |
| ・ドライバー専用のトイレをきれいにする<br>・ドライバーに丁重な対応をする | ・折に触れ、「いつもお世話になっております」とご挨拶に伺う | ・駅員と親しくなっておくと、なにかと案内の際に有利になる | ・「いつもご苦労様です」と側を通る度に挨拶するなど、顔をつないでおく |

タクシードライバーといった独自に口コミのネットワークを持っている人への細やかな対応が重要になります。

例えば、外国人のお客様が玄関前からタクシーに乗られる際には、ドアマンがいき先をたずね、それをタクシーのドライバーに伝えるようにしています。外国人のお客様自身が直接いき先を告げた場合、うまく伝わらず、トラブルになりかねないとの考えからです。

外国人は外国人同士で独自のネットワークを持っており、そのような細やかな対応が「あのホテルのサービスは素晴らしい」という宣伝効果を生むことになるのです。

大勢のお客様をオークラに運んでくれるタクシーのドライバーへの配慮も欠かせないテーマの一つです。

その一環として設けてあるのが、ドライバー専用のトイレ。1日中、車のなかにいるドライバーにとって、どこでトイレタイムをとるかは、重要な問題です。オークラの専用トイレは、掃除もいき届いていますし、オートベンダーを置いて、ジュースなどの飲みものも用意しています。さすがに無料で提供するというわけにはいきませんが、評判はまずまず。壁には、〈運転手の皆様、ご苦労様です。安全運転をよろしくお願いします〉と書いた紙も貼ってあります。だからか、「トイレを使うなら、オークラへ」というくらい、ドライバーには広くその存在が知られているようです。

こうした日常的な努力は、必ず、集客に一役買います。トイレはオークラでと決めているドライバーが、休日にでも家族で食事をということになったとき、「じゃあ、オークラにするか」ということも大いに考えられることですし、乗車客とのあいだでオークラが話題になることもあるはずです。最も有効な宣伝手段は口コミです。そこには何人ものお客様誕生の可能性が眠っています。

**【対応】口コミの情報源になる、タクシードライバーや外国人のお客様にも協力をしてもらえる状況を作っておく**

CLAIM 4

# 「机の下の壁紙が汚れているし、電気のコードがぐちゃぐちゃで乱雑だ」

**クレームの状況**

マネージャー宛に、お客様からのクレーム電話がかかってきた。「机の下の電気コードがメチャメチャになっている。とても汚いのでなんとかしてほしい」とのこと。至急手配をして、すぐに直させたのだが、またしても同じお客様から電話が。「バスタブの石けん置きに、前の客の石けんが残っていた。このホテルはちゃんと毎回チェックをしているのかね」

もちろん、毎回スタッフがチェックをしているのだが……。

ホテルの各部屋には、数多くの備品があります。セットするのは掃除を担当するルームメイドですが、インスペクターと呼ばれるスタッフが最後のチェックを行います。ベッドメイキング、バスルームの備品、テーブルの位置など、部屋全体を細かくチェックし、すべてがお客様を迎える状態になっているかどうかを確認するのですが、やはり人間のやることですから、100%完璧というわけにはいきません。ときには次のようなクレームが発生することもあるのです。

「机の下の壁紙が汚れていたし、電気のコードもグチャグチャになっていて乱雑だ」

部屋にはテレビ、電話、ライトなど、何本もコードがあります。それらがうまくまとまっていないと気になる、というお客様もいるのです。壁紙の汚れも「掃除がいき届いていない」という印象で受け取られることがあります。

これらのチェックは前述したインスペクターの仕事ですが、「これでよし」と見るか、「ここは要チェック」と見て手直しをさせるかの判断は、彼らのセンスにかかっています。

それによって、実際に掃除をし、備品をセットするルームメイドへの指示の仕方が違ってくるからです。例えば、「コード類はこれこれこういう状態にしておくように……」という指示を出すのと、「コード類はまとめて……」という指示では、結果に差が出て当然です。

こんなこともあります。バスルームのバスタブが設置されている壁には、石けんを置く部分があります。低い位置と高い位置の二カ所にあるのですが、ここに使って薄くなった石けんが残っていることも考えられます。原因は、掃除をするハウスメイドの背の高さ。つまり、背が低いメイドが掃除をした場合、高い位置の石けん置きに石けんが残っているのが見えず、そのままにしてしまうというわけです。

## 【対応】インスペクターの指示の出し方を徹底させておく

「石けん置きについては、必ず、手で触って石けんが残っているかどうかを確認すること」

こんな指示を徹底させておけば、背の高さに関わりなく、取り残しはなくなります。

# 客室のチェックポイント

| | | |
|---|---|---|
| 入り口ドア付近 | ドア | シリンダーは正常に施錠、開錠できるか |
| | スイッチプレート | 機能するか |
| クローゼット | 扉 | 傷はないか、開閉はスムーズにできるか |
| | フック類 | ぐらついたり、不安定でないか |
| | バー | サイドがはずれていたり、バー自体が曲がっていないか |
| | 電話機 | 霜取りはされているか、モーターがうるさくないか |
| | ランプ類 | 汚れはないか、発信音は正常か、コードはねじれていないか |
| | 音量 | シェードに汚れはないか、調光はできるか |
| ベッド廻り | ベッド | ベッドの下にものが落ちていないか |
| | ベッドボード | クッション部分にシミはないか |
| バスルーム | ベイシン台 | 鏡、マジックミラーは隅まで磨かれているか、コックのぐらつきはないか |
| | ドライヤーの抽出口 | 埃、髪の毛など落ちていないか |
| | 床 | きれいに拭かれているか |
| | 排水口 | 悪臭はないか |
| | バスタブ | 手で触って汚れをチェックするタブマットは黴びていないか |

CLAIM 5

# 「部屋の内側にある緊急避難の案内板が斜めになっている！」

**クレームの状況**

お客様からお叱りの電話が入った。
「部屋のドアの内側にある、緊急避難のための案内板が斜めになっていて、とても感じがよくない」とのこと。
時間が遅く、付け替えのための工事をするわけにもいかなかったので「深夜お騒がせすることになってしまいますので、明日の朝、必ず直しにうかがいます」と、伝えたところ、「今すぐ直せ！」と大変なご立腹の様子。

お客様を迎えるために細心の準備をしているつもりでも、ときにはもれもあります。それがお客様の目にとまれば、クレームとなって返ってくることも十分あることです。「部屋のドアの内側の緊急避難のための案内板が斜めになっている。感じが悪い」といったものなどもそんななかの一つ。

非常口の場所や避難の経路などが書いてある案内板が、曲がっていたというわけですが、書いてある内容がわかればよいだろうという理屈は通用しません。お客様がそれを不快に感じれば、ホテル側はただちに対応をする必要があります。

# 客室のチェックシート

## ゲストルームのチェック項目

| | |
|---|---|
| ドア | ロックの作動□　ドア・ノブの磨き□　ドアチャイム□<br>「DON'T DISTURB」の有無□ |
| 室内通路 | ダウンライトの点滅□　姿見鏡の汚れ□　ひび割れ□<br>エアコンスイッチの調整□　壁紙の汚れ□ |
| 押入 | 外部拭き□　内部清掃□　ハンガーの本数□　スリッパ□<br>服ブラシ□　靴べら□ |
| カーペット | シミ□　汚れ□　焼けこげ□　クリーナーがけ□<br>くずかご点検□　ベッドの下□ |
| ベッド | 清潔なリネン類□　ベッドカバーの汚れ□<br>ベッドの位置□　髪の毛□ |
| ナイトテーブル | エアコンの作動・温度□　目覚まし時計の時刻□<br>メモ類の整理□　電話機の汚れ□ |
| 窓ガラス | ヒビ□　割れ□　傷□　磨き□　手あと□ |
| カーテン | 汚れ□　いたみ□　開閉の具合□ |
| テレビ | スイッチ・画質□　テレビのダスターがけ□ |
| ライティングデスク | デスクランプの電球切れ□　椅子のいたみ□<br>ティーポットの湯量□　マッチ□　ティッシュペーパー□<br>グラス・カップの数□　灰皿□ |
| フロアーランプ | 電球切れ□ |

## バスルームのチェック項目

| | |
|---|---|
| バスタブ | 水滴□　排水口の汚れ□　シャワーヘッド□<br>石けんの数□　髪の毛□　石けん置き内の清掃□ |
| シャワーカーテン | シミ・汚れ□　フックの点検□ |
| 便器 | 洗浄（便座裏）□　バルブ（水量）□ |
| ミラー | ミラーの汚れ□ |
| タオル | 数量□　セットの位置□ |
| アメニティー | クズ入れ□　シャンプー・リンス類の数□ |
| ドレパーカーテン | 光の遮断□ |

しかし、指摘されて直すだけでは対応としては不十分。「ご忠告ありがとうございました。ただちに直させていただきます」という言葉のフォローが大切です。ポイントはそのタイミング。指摘を受けたら、即時にフォローを入れるべきです。間をあけてしまい、そのお客様がチェックアウトするときになって、「昨日は、ご忠告ありがとうございます」とやったのでは、遅きに失する。文字通り、間が抜けた対応になってしまいます。

**【対応】** 事前に細心の準備をしておくのは当然として、クレームが出たら、即時即刻対処することが基本

# CLAIM 6

# 「静電気がひどい、なんとかならないのか！」

**クレームの状況**

女性2名のお客様の荷物を、お部屋までお運びした。設備の説明をして、「では、おくつろぎください」とさがろうとしたとき。立ち上がったお客様が悲鳴を上げ、ボーイに訴えた。

「ちょっと、この部屋は静電気がひどいわね。なんとかならないかしら」
すると、もう一人のお客様も口を揃えておっしゃられた。
「あっちこっちに行くたびに、静電気にビクビクしてたら、ゆっくりなんかできないわ」
「静電気の防止には努めているのですが……」

お客様はホテルに居心地のよさを求めています。自分の想いに応えてくれるスタッフの対応、雰囲気のよいレストランやコーヒーハウス、落ち着いたロビー……。日常とは違う快適さをそこに発見できるからこそ、お客様はホテルに利用価値あり、と認めるのだと思います。

ホテル側ももちろん、環境を整える努力をしていますが、思うにまかせない部分もあります。寒い季節になると必ずといってよいほど、出てくるのがこんなクレームです。

「静電気がひどい。なんとかならないの?」

静電気の〝バチッ〟という衝撃は誰にでも経験のあるところ。しかし、絨毯敷きの空間では静電気を完全にシャットアウトすることが不可能なのです。全館にくまなく絨毯が敷き詰められているホテルは、静電気がいたるところで待ちかまえているとすらいえるのです。もちろん、ホテル側も手をこまねいているわけではなく、年に二回、静電気防止用の噴霧器をすべての絨毯に吹きかけるなど、対策を講じています。また、最近は静電気防止絨毯といったものもあるようですから、それを採用しているホテルもあるかもしれません。

しかし、現在のところ、どのような手だてをもってしても、100％〝静電気被害〟がなくなることはないのが実状です。今一歩のテクノロジーの進化に期待するばかりです。

もう一つ、厄介なのが「におい」です。嫌煙家には煙草のにおいが耐え難いようですが、密閉された部屋にチェーンスモーカーが小一時間もいれば、においの一掃は並大抵のことではなくなります。

オークラでは禁煙フロアを設けるなど、嫌煙家のお客様に対する気遣いをしており、そのフロアの部屋をご利用になるお客様からのクレームもありませんが、問題は宴会場です。何百人ものお客様が一堂に会する宴会場内は、煙草のにおいをはじめ、料理、アルコールのにおい、人いきれが充満します。空調システムを完備しているとはいえ、これは難物。会場のセッティングは人海戦術でなんとかクリアできますが、においは空調システムを

## 「静電気」「におい」にはどう対処する？

**お客様に対する気配りも当然、行うべきだが、それ以上にハード面で対処できることはやっておくべき**

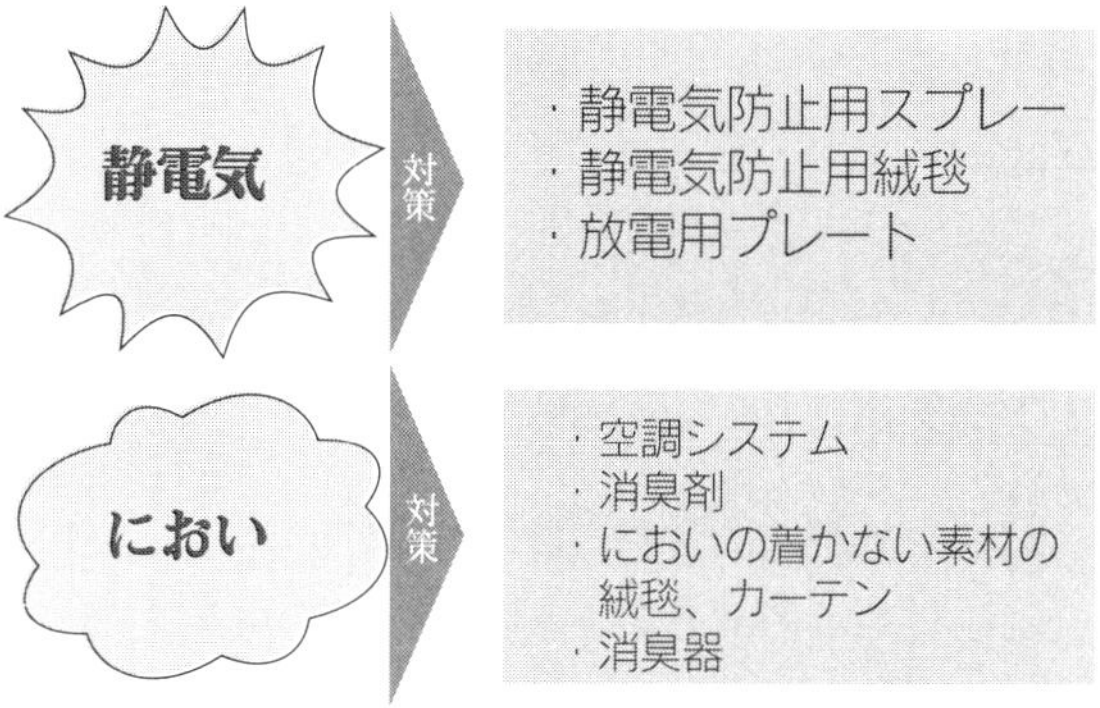
静電気
対策
・静電気防止用スプレー
・静電気防止用絨毯
・放電用プレート
におい
対策
・空調システム
・消臭剤
・においの着かない素材の絨毯、カーテン
・消臭器

フル稼働させても、なかなか消えてはくれません。窓を開け放ち、できる限りの手段を講じて、なんとか次の宴会のお客様が不快感を感じることがないよう努力はするのですが、十分とはいえないことも少なくありません。

静電気とにおいは、サービスの質を追及するホテルマンの前にはだかる、意外な難敵といえるかもしれません。

**【対応】「静電気」「におい」というクレームは対処が難しい。お客様へのスタッフのフォローはもちろん、ハード面からも配慮する必要がある**

# CLAIM 7

# 「チェックインのときに、帰りの時間を聞かれるのは不愉快だ！」

**クレームの状況**

ご夫婦でおいでになったお客様が、フロントでなにやら係の者にクレームをいっている様子だったので、「なにか、ご不満でもございますでしょうか」ととりなしに入った。

「チェックインをしている最中に、なんで、いつお帰りになるのかと聞くのかね」

「はあ。チェックインをしていただく決まりがありますもので、チェックアウトの時間をうかがいますのは、時間をオーバーされたときにチャージをいただく決まりがありますもので、先にご予定をうかがって、ご説明させていただきたいと思いまして……」

「でも、何時になったら、部屋を空けるんだ、という感じで不愉快だね」


ホテルのチェックアウト・タイムは11時、あるいは正午というのがほとんどです。それまでであれば、どの時間にチェックアウトされるのもお客様の自由。しかし、このチェックアウトに関してもクレームが出ることがあります。

「チェックインのときに、チェックアウトの時間を聞かれるのはまことにもって不愉快！」というのがそれ。チェックアウトの時間をたずねられると、どこか〝追い立てられる〟ような気持ちになるということです。しかし、フロント係がまさか、「明日は何時にチェックアウトされますか？」など、言外に〝何時になったら部屋を空けてくれるのか〟という

## 宿泊の業務の流れ

| | | | | | | | | | |
|---|---|---|---|---|---|---|---|---|---|
| 業務の流れ | 予約 | → | チェックイン | → | ステイ | → | チェックアウト | → | 見送り |
| お客様の動き | 予約手続き | → | 宿泊登録<br>来館 | → | 館内利用 | → | 支払 | → | 出発 |

ニュアンスを込めたいい方をするはずもありません。

「明日のご出発のご予定、（連泊なら）お出かけのご予定を承りたいと存じますが……」

　このようないい方をするのが常識です。また、チェックアウトの時間をうかがうにはそれなりの理由もあるのです。

　お客様のなかにはチェックアウト・タイム後もお部屋を使われる方もいます。いわゆるレイト・チェックアウトですが、何時間も遅れた場合には、オーバーチャージをいただきます。チェックインのときに、アウトの予定をうかがって、

「明日は午後3時くらいの出発にしたいのだが……」

　という意向ならば、その際にオーバーチャ

ージについての規定を伝え、お客様にその旨を納得していただくこともあります。しかし、チェックアウトの予定をうかがわないままに、お客様がレイト・チェックアウトをされた場合、次のようなクレームが出ることになります。

「オーバーチャージをとられるなんて、一言も聞いていない」

このようなことにもなりかねません。トラブル防止の意味でも、ご予定はうかがうことになっているのです。

部屋の掃除やベッドメイクの都合もあります。ルームメイドはフロアごとに順に作業をしていくわけですが、お客様の予定がわからないと、作業手順にも支障をきたします。予定がわからなければ、「もう、チェックアウトの時間なのに、どうされたのだろう？何時頃作業をすれば……」ということになるわけです。

また、ホテル側としては、お客様に不測の事態が起きていることも想定しないわけにはいきませんから、部屋に電話をかけるというケースも起こります。そうした煩雑さを避けるためにも、チェックアウトの予定はうかがうのが決まりです。

**【対応】スタッフ側の事情も考慮して、チェックアウトの時間はうかがうのが原則。しかし、追い立てるようなニュアンスは禁物**

# CLAIM 8

# 「予約を入れたのに待たされた」

**クレームの状況**

チェックインされたお客様が、ウンザリとした顔でフロントにクレームを告げた。

「何のための予約なんだね。一週間も前から予定を聞いていて、なんで、すぐ部屋に入ることができないんだ」

前のお客様が時間をオーバーされたために、部屋のセッティングが間に合わなかったのだ。

「大変申しわけございません。しかし、前のお客様がちょっと、時間をオーバーいたしました関係で……」

「予約するときに、一言、遅れるかもしれないと、いってくれればよいものを……」


ホテルの部屋をキープするには事前に予約をするのが原則です。その際、予約を受けたホテル側はおおよその到着時間をうかがいます。到着時間と部屋の空き具合を考え合わせて、部屋割りを決める必要があるからです。

お客様にしてみれば、予約をして到着時間も告げてあるのだから、その時間にホテルにいけば、すぐにチェックインできると考えるのでしょう。ときに、「きちんと予約を入れていたのにすぐチェックインできず、待たされた」といったクレームが出ることがあります。

もちろん、準備が整っているのにもかかわらずホテル側が待たせるということはありませんが、万一やむをえない事情で、すぐにチェックインしていただけないことはあります。

部屋は生き物ですから、10時には空く予定だった部屋が午後まで塞がってしまったり、シャワーなどの水まわりに故障が起きて修理の時間が必要になったりといったことがないとはいえないのです。

しかし、お待ちいただくお客様には、それなりの対応が求められます。たくさん荷物を抱えているお客様なら、「お荷物だけでもお預かりいたしましょうか？」とうかがってみることも必要でしょう。

また、長旅でお疲れの様子が見受けられたら、「のちほど、お部屋をお移りいただくことになりますが、ひとまず、空いているお部屋にお入りいただけますか？」という対応を考えるべきでしょう。

いずれにしても、どの程度お待たせすることになるのか、お客様の状態はどうか、などを見きわめ、その時々の状況に応じた臨機応変な対応が要求されます。

また、混雑が予想されるときは、予約を受けるときにあらかじめ、「当日は大変混み合っておりますので、多少、お待ちいただくようになるかもしれません。その点、ご承知いただけますでしょうか？」という断りを、一言つけ加えておくというのも方法です。

なお、部屋については「歩くのが嫌だから、できるだけエレベーターから近い部屋がよ

## 予約を受けるときのチェックポイント

| | |
|---|---|
| 1 | 到着の日・時間、利用されるエアラインの確認、宿泊数 |
| 2 | お客様のお名前 |
| 3 | 客室タイプと料金、人数 |
| 4 | 支払の方法（現金、クレジットカード、クーポン券等） |
| 5 | 予約のお客様の連絡先 |

い」「エレベーターの音が気になって眠れないから、ある程度離れた部屋じゃないと……」など、お客様の希望があると思います。予約の際に、それをいっていただくことも、クレーム防止に一役買います。

**【対応】** 予約の際には、そのときの状況、お客様の様子を見きわめて、あらかじめ申し伝えるなどの対応をしておく

CLAIM 9

# 「ホテルなのに、新聞のサービスが受けられない」

**クレームの状況**

旅慣れた様子のお客様がチェックインなさる際に、スタッフに声をかけた。
「明日の朝刊はお入れいたしましょうか？　ご指定のものはございますでしょうか？」
しかし、そのお客様は提示された新聞の料金を見ておっしゃられた。
「他のホテルでは、無料で朝刊のサービスをしてくれているのに、このホテルではお金を取るのか？」
「しかし、当ホテルでは……」

どこかのホテルに宿泊した際、朝、入口のドアの下から新聞が差し入れられていたとします。それまでそんな経験がなかったお客様なら、「へぇ～、ホテルじゃ新聞をサービスしてくれるんだ。さすがいき届いている」と感動するかもしれません。

しかし、その感動の裏で一つの刷り込みが行われます。

〈ホテルというところは新聞のサービスが当然、受けられる場所である〉ということです。

さて、その後、別のホテルに宿泊して、そこでは新聞のサービスがなかったとすれば、「ホテルなのに、新聞のサービスが受けられなかった。どういうことだ！」というクレー

## 無料と勘違いされやすいもの

**持ち出されやすいもの**

バスタオル
タオル
浴衣
バスローブ
灰皿
ボールペン
化粧品セット
ソーイングセット
シャンプー、リンス
ティーカップ
ソープ皿
スリッパ　等

**売店で売っている という事をお知らせする**

「バスローブや灰皿、ティーカップは売店で売っておりますので、お気に召していただけましたら、どうぞ、お買い求め下さいませ」

**きちんと注意を促す**

「お客様、お部屋の備品はお持ち帰りできません。お気に召していただけましたら、売店の方でお買い求め頂けませんでしょうか」

ム発生です。新聞のサービスを実施していないホテル側にはいかなる手落ちもないわけですが、クレームを出す客層はそんなことには頓着してくれないところが厄介。

　しかし、よくよく考えてみれば、新聞のサービスを受けられると決めてかかるのは、ホテル側には酷です。何百部も用意することになれば、それだけコストもかかるわけですし、昨今のように部屋代のディスカウントをするところが増えている折、部屋代を安くして、その上新聞をサービスしろ、では泣きも入ろうというものです。

　現在では、どの部屋にもくまなく新聞のサービスをしているホテルは、ごく少数派ではないでしょうか。とすれば、前述のようなクレームの芽はたいがいのホテルが抱えているということになります。しかし、この対応法は簡単です。

お客様がチェックインの際、フロントで、「明朝、新聞をお入れいたしましょうか？　何新聞にいたしましょうか？」と、うかがえばことは足ります。これなら新聞が必要なお客様からクレームが出ることもなく、全室分の新聞を用意するコストの無駄も防げます。

余談ですが、新聞については私も苦い思い出が……。かなり以前ですが、某新聞社の関係者の会合があって、社長以下のお歴々が宿泊されたことがありました。そのとき、どうした手違いか、翌朝、全員にライバル社の新聞を入れてしまったのです。当然、めいっぱい怒鳴られ、平身低頭と相成ったしだいです。

なお、チェックインの際、新聞についてフロント係から一言もない場合は、お客様から聞いて頂くのがよいと思います。

「明朝、○○新聞を入れて欲しいのだが……」にはたいがいのホテルは対応できるはずです。

**【対応】あらかじめ、お客様が「先入観」として持っていそうな項目は、うかがっておく。その上で、有料・無料の通達をしておく**

CLAIM 10

# 「洗面所に簡単な椅子をおいて欲しい。わが家ではそうしているから」

**クレームの状況**

年配の男性のお客様がフロントに申し出てきた。
「洗面所に簡単な椅子をおいて欲しいのだけれど……」
しかし、洗面所のスペースにおけるような小さな椅子がなかったので「申しわけございませんが、そのような準備はございません」と伝えると、「僕は腰が悪いので、いつも家では椅子に座って洗顔しているのだが……」とつらそうにおっしゃられた。

ホテルの部屋は概《おおむ》ね、お客様の使い勝手がよいように、必要な物は用意し、おく場所も考えてあります。しかし、それでもすべてのお客様にとって「痒《かゆ》いところに手が届く」というレベルまではいきません。「ここが足りない」「これがなくて不便」というクレームは、ホテルが非日常の場である限り、不可避的についてまわります。

例えば、こんなことがあります。

「洗面所に簡単な椅子をおいて欲しい。腰が悪いので、わが家では椅子に座って洗面するようにしているのだから……」

お客様の〝日常〟からすれば、洗面所に椅子があるのは当然、ということになるのでしょう。しかし、ホテルの部屋は平均的な利便性と機能性を考えて造られています。スペース的にそれほど広くないバスルームに椅子を常備しておくことは、別のお客様にとっては邪魔だったり、余計だったりするのです。そこで、椅子をおかないことがスタンダードになっているわけです。

ただし、可能な限りお客様の日常に対応できる準備はしておくべきです。バスルームの椅子も申し出ていただければ用意できるはずです。ホテルによっては、「そのような準備はしてございません。申しわけありません」と突っぱねることがあるかもしれませんが、努力もない杓子定規の対応であれば、お客様に満足していただくことはできません。

たとえ、瞬時には準備できなくても、「少しお時間をいただけますでしょうか。ご用意するようにはかってみますから……」「今回は無理かと存じますが、次回にいらしたときにはご用意しておきます」といった対応はいくらでもできるはずです。

お客様にしても、申し出を言下に拒絶されるのと、努力をしてみるといういい方をしてもらうのでは、ホテルに対する印象が随分違ったものになるのは間違いのないところです。

もっとも、こんなものは困ります。

「わが家のバスルームにはサウナとジャグジーがあるんだがなぁ。なんとかならんか」

## お客様の「日常」にどう対応するか

**お客様からの要望：「バスルームに椅子が欲しいんだが……」**
→お客様の「日常」していることで、
一般的ではない、ホテルが用意できない範囲の要望

**A** 申し訳ございません。
狭いスペースに椅子をおくと邪魔になりますし……

**B** 申し訳ございません。今すぐにはご用意できかねますが、
何とか探してみますので、少々お待ちいただけますか？

Aの常識で判断してしまう対応と、Bの誠意ある対応では、
お客様の印象が天と地ほども違う

いくらお客様の〝日常〟でもこれは無理というものです。こちらとしては、「大浴場のほうにサウナもジャグジーもございますから、そちらをご利用いただけますでしょうか」とお答えするしかありません。

もちろん、実際にはそれほどの無理難題を持ち出されるお客様はいらっしゃいませんが、ちょっとした〝日常〟の要求はしばしばあること。その備えがどこまでできているかは、ホテルの質、サービスの質と不可分といってよいでしょう。

**【対応】常にお客様の日常に対処できるようにしておくべきだが、無理ならば、応えるべく努力をするという姿勢を示す**

# CLAIM 11

# 「遅い時間だけど、食事をしたいのだが……」

**クレームの状況**

深夜11時にフロントの電話が鳴った。

「今から食事をとりたいのだけれども、なにか簡単な物ができないだろうか」というお客様からの問い合わせ。

だが、キッチンもしまっているし、調理人もいない。

「申しわけございません。今からご用意は致しかねます」というと、「別にサンドイッチでもなんでも、簡単に出来る物でよいのだが……」とご不満の様子。


ホテルを利用されるお客様は少なからず〝わがまま〟な面があります。しかし、それも当然。上質なサービスの提供を受けるだけのペイメントをしているわけですから、十分にわがままを発揮していただければよいのです。

日常生活では、深夜、空腹感を覚えて、「おい、腹減ったな。なにか作れよ」などと奥方にいえば、「何時だと思ってるの！　食べたかったら自分で勝手に作れば⁉」と一喝されるのが常です。しかし、ホテルなら電話一本で、「かしこまりました。クラブハウスサンドと水割りでございますね。お持ちいたします」と即応してくれ、しばしののちにはルームサ

## ホテルが対応すべき事

**基本**　「お客様第一」

要望：「ごみ箱が小さすぎてゴミが捨てきれない」
要望：「深夜なのだが、食事をとりたい」
要望：「スタンダードの部屋だけど、子供用のバスローブが欲しい」

↓

ホテルの「常識」「できること」の範囲で応えるべき

ービスのワゴンが到着となります。

それが「常識」の範囲であれば、どのようなわがままにもお応えするべく、最善を尽くすのがホテル業務といえます。

ところが、なかには「常識」を逸脱されるケースがなきにしもあらず。

「ゴミ箱が小さすぎて、ゴミが捨てきれない。こんなことじゃ困るじゃないか」

といったクレームがそれです。

ホテル側としては、宿泊するお客様ならせいぜい、出るゴミはこの程度という想定をして、それに相応《ふさわ》しい大きさのゴミ箱を備え付けています。第一、ばかでかいゴミ箱がデンとおかれていたのでは、ホテルの部屋という雰囲気が壊れてしまいます。

しかし、それじゃあ、とてもじゃないがキ

ャパシティ不足だというわけです。もちろん、そうしたクレームがあれば、ただちにゴミの処理をしますが、どこからか持ち込んで捨てているのではないか、と疑いたくなるような大量のゴミを出すお客様もいるから厄介です。

その他、「バスローブがない。子供用のものも欲しい」といった類のクレームもまれにありますが、バスローブについては、スイートルームには用意していても、スタンダードにはないというのがごく一般的な「ホテル常識」ではないでしょうか。

**【対応】「ホテル常識」の範囲内でのお客様の「わがまま」には応えられるように準備をしておくべき**

CLAIM 12

# 「ホテルでインスタントのコーヒーを出されると興ざめだ」

**クレームの状況**

お客様がお帰りになられてから、アンケートに次のようなことが書かれていた。
「ただで、おいてあるものに対してクレームを付けるのは心苦しいのだが、部屋においてあるインスタントコーヒーはなんとかならないのだろうか。せっかく、ホテルでおいしい食事を食べて、清潔な、くつろげる部屋でゆったりと気分にひたっていたのに、安っぽいコーヒーの香りで台無しになってしまう。格式のあるホテルなんだから、ある程度、備品にも気を配ったほうがよいのでは？」

ホテルの部屋には、お茶やコーヒーのセットが用意されています。最近ではお茶も、お茶の葉と急須がおかれているというところは少なくなって〝ティーバッグ〟が全盛。コーヒーにしてもインスタントのそれになっていることがほとんどです。

しかし、このティー（コーヒー）バッグは「ただ」で提供しているとはいうものの、お客様にはどう受け取られているのでしょう。

「インスタントは多少、味気ないけど、まあ、〝無料〟だからしょうがないか」

といういわば〝穏健派〟も少なくないと思いますが、なかには〝落胆派〟もいるのではないかと想像します。

「ホテルでリッチな気分を味わおうと思ったのにコーヒーがインスタントじゃ興ざめだわ」

日常性から抜け出して、優雅なホテルライフを満喫しようと考えていたお客様にとって、いかにも日常的なインスタントのコーヒーは、想いに水を差すものです

だからといって、ルームサービスでコーヒーを頼めばかなりの出費。仕方なく、割り切れない気分でインスタントのコーヒーを啜《すす》るといった満たされない想いを抱かせてしまっているのではないでしょうか？

オークラでも以前は、インスタントのコーヒーバッグを部屋においていました。ところが、これを利用されないお客様が結構多いのです。

そこで、ある時期から本格的なドリップ式のコーヒーに変えてみました。これは「無料」ではなく、６００円お支払いいただくものですが、結果として、コーヒーの使用率が高くなったのです。このデータはお客様の〝想い〟を反映するものでしょう。

「無料」のインスタントコーヒーより、６００円払っても本格的なドリップ式のコーヒーのほうを飲みたい。これがその〝想い〟です。

サービスとはお客様の想いに応えるものだという話は、再三してきました。とすれば、「無料」ということが必ずしも、よいサービスにならないというわけです。

## ホテルにある「無料」のサービス

**無料で提供されるもの**

- 枕元にある水差し
- ティーバック
- インスタントコーヒー
- ホテルのタオル
- 冷蔵庫の氷　　etc.

無料ならよいかというと……

**お客様の本音**

- 枕元にある水差し
  →「生ぬるい水は美味しくない」
- ティーバック
  →「安っぽいティーバックじゃ雰囲気が」
- インスタントコーヒー
  →「やはり美味しいコーヒーが飲みたい」
- ホテルのタオル
  →「ぺらぺらのタオルじゃなあ」
- 冷蔵庫の氷
  →「水道水で作った氷は美味しくない」

無料で提供するよりも、
お客様が本当に求めているサービスはなにか、を考えるべき

私はよく温泉旅館に泊まりますが、枕元におかれている水差しには一言いいたいものです。氷が入っていても夜中に飲もうとするときには、すでに溶け、水も生ぬるくなっていたりする。「無料」でもこれは願い下げです。

それよりは冷蔵庫に有料のミネラルウォーターを入れておいてくれたほうが、飲みたいときに冷たい水が飲めて、私にはずっとありがたいのです。同じような想いの方も少なくないのではないでしょうか。

「無料」ならサービスになるという考え方にも、改革が必要です。

**【対応】「無料」にするよりも満足していただけるサービスを考えるべき**

CLAIM 13

# 「アメニティグッズをもう少し高級感があるものにして欲しい」

### クレームの状況

お帰りになる女性のお客様を見て、スタッフが声をかけた。

「おくつろぎになれましたでしょうか」

すると、微笑みながらお客様が応えた。

「ええ、とても高級感があって、ゴージャスな気分になれましたね。ありがとう」

「ありがとうございます」

「でも、アメニティグッズがもう一つだったわね。ブランドものを使うとかしないと、せっかくの雰囲気が壊れちゃうわ」


ホテルを利用されるお客様には、高級感を期待するところがあるようです。確かに宿泊料にしても、レストランやティールームの料金にしても、決して安い金額ではありませんから、そのぶん高級な雰囲気を求めるのは自然の流れというものです。それにお応えできるようにつとめるのも、ホテル側の役割です。しかし、この高級感という概念、一筋縄ではいかないところが難しい。例えば、こんなお客様がいます。

「アメニティグッズをもう少し高級感があるものにして欲しい」

アメニティグッズとは、バスルームにおいてある石けんやシャンプー、リンスといった

## 高級感を感じさせるサービスとは？

せっかくのホテルなんだから、リッチな気分になりたいわ

| | |
|---|---|
| ハード面の高級感 | 高級な石けん<br>→「でも、普段使っているものの方がいいなあ」<br>ジャグジーなどを完備した広いバスルーム<br>→「でも、きれいなバスルームの方がいいなあ」 |
| ソフト面の高級感 | すぐに使えるように準備された石けん<br>清潔な水滴一つないバスルーム |

**ハード面の充実よりも、ソフトの面で高級感を出せなければ、どんなにお金をかけても無駄になる**

類のものですが、それに高級感が欠如しているというわけです。この種のクレームを出されるお客様には、「一流といわれるホテルなんだから、アメニティグッズもブランドもので揃えるくらいのことはしてよいのではないか」という想いがあるのでしょう。

もちろん、それも高級感を演出する一つの方法かもしれません。しかし、いくら値段の高いアメニティグッズを揃えていても、バスルームのシンクのまわりに水滴がついていたり、バスタブに髪の毛が残っていたりするのでは、高級感などあったものではありません。

むしろ、アメニティグッズにそれほど〝見栄〟をはらずとも、清潔で気持ちのよいバスルームを提供することに時間とお金をかけるほうが、はるかに高級感を感じさせてくれる

と思うのです。

アメニティグッズというハードに頼るより、完璧にバスルームを整えるというソフトを充実させたほうが、サービスという面では高級感が生まれる。私はそう思っています。

バスルームの石けんにしても、箱を開けるとご丁寧にセロハンに包まれているというものがあります。これも考え方によっては〝高級〟なイメージの演出ととれないわけではありませんが、実際に使う段になると、始末におえない代物になります。

石けんを使うときはたいがい手が濡れています。セロハンに包まれ、しっかりシールが貼ってある石けんとなると、しまいには「もう、やめてくれ！」といいたくなるほど、手を焼かせてくれるのです。

オークラでは、石けんは一つは封を切ってそのまま使えるようにしておき、もう一つは濡れないような場所におくようにしています。お客様の使い勝手を考えてのことですが、いたずらに包装に凝って〝高級感〟を出すよりは、こちらのほうがサービスとしてはずっと高級だと思うのですが……。


**【対応】「ハード」で対応するよりも、お客様の使い勝手や清潔感で高級感を出すほうが大切**

# CLAIM 14

# 「せっかくの温泉なのに、よれよれののれんがかかっている」

**クレームの状況**

女性のお客様がチェックアウトなさる際に、次のようなことをいわれた。
「私は温泉が好きなのですけど、ここのホテルの温泉には入る気がしなかったわ」
泉質はもちろん、風呂も総檜づくりで、どこと比べてもひけは取らないと自負していただけに、すぐにその理由をうかがうと……。
「お風呂はきれいだったけれど、肝心ののれんがよれよれじゃない。それじゃあ、せっかくの温泉も台無しよね」

日本人は世界に冠たる風呂好き民族。旅行の目的地を決めるといった場合、真っ先に候補に上がるのは温泉ということになるのではないでしょうか。

ご多聞に漏れず、私も温泉好きですが、温泉旅館で気になることがあります。どこの旅館にも必ずかかっている、風呂場の入口の「のれん」がそれ。

部屋に着いて浴衣に着替え、「さあ、ひと風呂」とむかった風呂場で、のれんをくぐる。私などは、この瞬間、泉質への期待とともに、旅の解放感を味わったりもするのですが、のれんがどうにもいただけない代物だと、気分も台無しになります。

なにも、有名な作家の作品でなければ物足りないとか、高名な書家の文字が染め抜かれているものでなければいかん、といっているのではありません。パリッと糊がきいて清潔感があればよい。

ところが、なかには薄汚れてよれよれになっているのれんを平気でかけている旅館があるのです。温泉旅館の売り物はいうまでもなく、風呂です。その表看板ともいうべき、風呂場ののれんがそんな状態では、サービスの質もおよそ知れようというものです。

「わが旅館は総檜造りの風呂と泉質で勝負しているんだから、のれんなどとやかくいわなくても……」

という反論もありそうですが、断じて違う。パリッと清潔なのれんをくぐるのと、よれよれをかき分けるのとでは、気分に天と地ほどの差があるのです。よれよれののれんをかけていても、クレームがつくことはないかもしれませんが、それはただ顕在化しないだけで、誰もが不愉快な想いをしているのは間違いのないところです。

普通ののれんなどせいぜい1枚1万円程度。大きなものでも4~5万円以上ということはないはずですから、常に5枚くらい用意して、毎日、洗濯したてのものにかけかえることは雑作がないことだと思うのです。何日も同じのれんをぶら下げっぱなしというのは、サービスのツボを心得ていない証拠です。

## サービスの「ツボ」とは？

| | | |
|---|---|---|
| 質の高い温泉 | POINT | 糊のきいたのれん<br>「ぱりっとしたのれんじゃないと雰囲気がでない」 |
| 贅を尽くした料理のコース | POINT | 料理の前に出される水<br>「水道水じゃあせっかくの料理も期待できない」 |
| 高級感のある部屋 | POINT | ルーム・キー<br>「安っぽいキーじゃあどんな部屋でも台無しだ」 |

せっかくのサービスも、お客様の「こだわり」
「ツボ」を心得ておかないと台無しになってしまう

温泉地の宿泊客は1泊など短期滞在型が大半だから、毎日のれんを替えなくても「昨日と同じのれんがかかっている」と気づかれることはない。そんな発想でよれよれを見過しているとしたら、とんでもない話です。短期滞在だからこそ、パリッと糊のきいたのれんでお迎えし、気持ちよくお風呂を使っていただく。風呂場係の心いきを感じさせたいものです。サービスである以上、発想はそこになければいけません。

のれん1枚でサービスの質のレベルが見抜かれることはあるのです。たかがのれん、されどのれん。ご注意あれ。

**【対応】** よいサービスの本質はお客様の「気持ち」にある

## COLUMN 名は体を表す？

さすがに、一時期のブームが起こるほどではないが、今でもイタリア料理のお店は相変わらずの盛況ぶりです。ちょっとした外食で、ピザやパスタを召し上がる方も多いのではないでしょうか。

そんなイタリア料理では、店によっていろいろな名称がついているのをご存じでしょうか。

出している料理や、そのお店の格式によってオステリア（Osteria）、リストランテ（Ristorante）、トラットリア（Trattoria）、ピッツェリア（Pizzeria）など、さまざまな名称を名乗っているのです。

オステリア（Osteria）とは、18世紀以前のイタリアでは、外食のお店は全てがオステリアと呼ばれていて、その多くは旅館と一緒になっていたそうです。ちなみに、オステとは英語のホスト（Host）と同じ意味です。昔の名称をそのまま使っているのですから、オステリアと名乗るお店には昔ながらのお店が多く、イタリアで老舗であることが多いのです。

リストランテ（Ristorante）とは、フランスのレストラン（Restran）が語源で、フランス革命以後イタリアに入ってきた言葉です。基本的にはきちんとした食事を出す、外食専門のお店で、さまざまなレベル、形態がありますが、プロのウエイターがいるところは皆、リストランテという範疇に入ります。

一方、トラットリア（Trattoria）という名称は、イタリアでは郷土料理というか家庭料理というか家族同士で経営しているお店という色彩が強いそうです。気取らない、気軽な食事を楽しむ家族経営のお店、というイメージです。

ピッツェリア（Pizzeria）といえば、当然の事ながらピザの専門店。イタリアではコックとピザ職人は全く別の職種で、免許も違うものです。ですから、コックがピザを焼くこともなければ、ピザ職人がパスタをゆでることもないわけです。ピザ専門の職人がいれば、そのお店はピッツェリアになるわけです。

日本においては、それほど区分がなされているわけではありません。リストランテのメニューにピザがあることも、ピッツェリアにパスタがあることも不思議ではありません。しかし、リストランテ・オステリアなどという名称のお店もあるなど、本場イタリアからのお客様が混乱するようなお店が多いことも事実です。

# 第3章

# 【実践】食事に関するクレーム

## ～こうすればベスト

●ホテル業の基本項目である「食事」に関するサービスのポイントはなにか、実際のクレームをもとに考えていきましょう。

CLAIM

CLAIM 1

# 「なんだ、ここのスタッフは料理の説明もできないのか！」

**クレームの状況**

何度か来店なさっている、食通のお客様がウエイターを呼んだ。

「ああ、この料理のソースは非常に変わっていて美味しいね。何というソースなのかね」

とっさにわからなかったので、側を通ったベテランにこっそりとたずねお答えした。すると、続けて「どんな調理法で作っているものかね」とご質問された。

「申しわけございませんが、ただ今シェフに聞いてまいりますので……」

「おいおい、何にもわからない料理を出すのかい？　この店では……」

とあきれ顔でナプキンをおいて出ていってしまわれた。


レストランで食事をしていて〝美味〟に出会う。グルメならずとも、食の喜び、醍醐味を感じる瞬間でしょう。

そこで、「これはどんな調理法で仕上げているの？」「このソースはなんと呼ばれるものですか？」など、料理についての説明を求めるといったことがあると思います。そんなケースで、「申しわけございません。ただいまシェフに聞いてまいりますので……」ウエイターがそんな調子だったとしたら、お客様は拍子抜けです。

「なんだ、説明もできない料理を食わせているのか！」

## レストランのスタッフの知っておくべき知識

| 基本的な食事のマナー | 提供する料理の内容 |
| --- | --- |
| トレイの持ち方 | アルコール類<br>ワイン<br>リキュール<br>醸造酒<br>スピリッツ |
| 料理を提供するタイミング | ソースサービス |
| 食器の扱い方 | サービスの流れ |
| 料理の出し方、下げ方 | 和・洋・中のしきたり |
| 歩き方、待機の仕方 | ビュッフェスタイルでの提供 |
| 音を立てない立ち振るまい | |

雷を落とすお客様がいても、不思議ではありません。現実にはウエイターやウエイトレスがアルバイトで、料理の説明はからっきしというところも少なくないようです。ですが、いやしくもホテルで、そのスタッフの服装をしている以上、料理の説明ぐらいはできなければ恥だと思うべきです。言葉を換えれば、ホテル側の指導がいき届いていないことを暴露しているようなもので、格を疑われても致しかたないところです。

「中国料理の〇〇はこちらのレストランでいただけますか？」

お客様にそうたずねられたのがフロント係であっても「お待ちくださ い、聞いてまいります」「それはレストランのほうでおたずねください」は論外です。

なにも料理レシピを立て板に水のごとく開陳できるようになる必要はありませんが、ホテル内の施設でなにを提供できるかについて、旬の目玉料理などだいたいのところは知っておくべきです。広く浅く。これがキーワードです。

そのためには、もちろん、勤務時間外に自分の持ち場以外の仕事についても調べておくという作業が必要になります。そんなことをいうと、「忙しくて、時間がない」などという人間もいそうですが、ホテルマンの実働時間は正味7時間程度です。時間がないというい い訳など、屁理屈にすぎません。やる気があれば、時間は十分すぎるほどあるというのが実状なのです。

時代は終身雇用制が崩壊し、能力主義、実力主義がすでにビジネスシステムの主流になっています。努力しない人間、勉強しない人間、当然、やる気のない人間は淘汰されることになるのは明白です。

どの仕事の分野でも求められるのはプロフェッショナルです。ホテルマンとしてのプロとはなにかを考えれば、やるべきことは見えてくるはずです。それをしないのは、自らの可能性を自分の手で閉ざしているのに等しいといわざるを得ません。

**【対応】すべての制服を着ているスタッフに「広く、浅く」ホテルの基礎知識を持たせておくべき**

CLAIM 2

# 「今日はなにが美味しいの？」

**クレームの状況**

初めてお見えになったお客様が、メニューを見ながらウエイターに質問した。

「今日は、このお店ではなにが一番お薦めですか？」

ウエイターは嬉々として、この店の得意料理の説明をして、ご注文を頂いてオーダーを流した。

しかし、シェフがそのウエイターを呼んで文句をいいだした。

「今日はこの料理はもう品切れだっていっただろう！　はやくオーダーを取り消してこい！」

仕方なく、お客様にその旨を告げると「せっかく、キミの説明を受けて、楽しみにしていたのに……」とおっしゃって、不愉快な表情で再度メニューを眺めた。


レストランでお出しする料理については、実際にサービスするウエイターにその内容を説明しておく必要がある、ということは前項でお話ししました。

それほど特殊な素材を使っていないとか、調理法がとくに凝ったものではないといった場合は、シェフが何人かのウエイターを束ねるキャプテンに説明し、そのキャプテンからそれぞれのウエイターにお出しする料理の説明が伝達されます。ですから、キャプテンは要点をしっかり掴み、要領よくポイントを伝えることが大切です。特殊な素材や調理法を使っている料理では、キャプテンがお客様に説明することもありますし、場合によってはシェフが直接、お客様のテーブルまで出向くこともあります。

また、レストランではその日に、力を入れてオーダーをとりたい料理というものがあります。例えば、素材によっては翌日になると鮮度が落ちてしまい、美味しく召し上がっていただけないものもありますから、それを使った料理はその日のうちに、できるだけたくさんオーダーをとりたいわけです。キャプテンの立場にある人間は、そのあたりのことも自分が管理するウエイターに伝えておくべきです。

もちろん、ウエイターがメニューをご覧になっているお客様に、「こちらのお料理はいかがでございましょう?」などと押し付けがましくすすめるというのは御法度です。

しかし「今日はなにが美味しいの?」と問いかけがあった場合にはその限りではありませんから、調理場の事情をきちんと把握していれば、的確な対応ができることになります。

私が食堂のキャプテンをやっていた頃には、調理場の冷蔵庫を覗くのは日常茶飯事。底のほうになにがあるかまでチェックしていたものです。それで、しばしば、「お前、そんな余計なことはするな」とシェフからどやされたものです。

しかし、今は業界も不振でコストパフォーマンスを考えるのが常識。キャプテンクラスは、冷蔵庫に入っている素材を熟知して、売れ筋の材料のあるなしをシェフとよく連絡を取り合っておくくらいの熱意が必要なのです。

## マネージャー、キャプテンが担当する業務

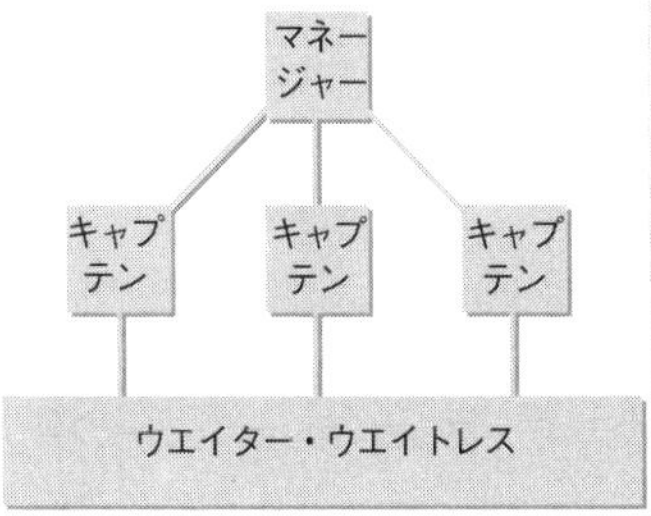


**マネージャー**

職場の統括者として、レストランの運営、管理、サービス、衛生の等の責任、売上の向上、などを担当する。
さらに、顧客の管理も担当する

**キャプテン**

ウエイターとウエイトレスのサービス指導、マネージャーとの間のコミュニケーション、部下の教育、健康、職業上のアドバイスと実際の顧客管理を行う

また、ウエイターの間では「引き継ぎ」という伝達事項を正確に伝える作業も重要です。テーブルについたお客様のサービスの途中で、係のウエイターがタイムオフになり、交代するというケースがあるからです。仮にそのお客様が「マスタードはフレンチではなくて、イングリッシュにしてほしい」などの要望をオーダー時に告げていた場合、引き継ぎが正確に行われていないと、交代したウエイターが要望に応えられなくなります。

「さっき、イングリッシュマスタードをお願いしたはずだがなあ……」

そんなクレームがつくようでは、引き継ぎの意味がありません。

**【対応】売れ筋の材料のあるなしの確認も、シェフとよく連絡を取り合うことも重要**

CLAIM 3

# 「ミネラルウォーターを飲んだら、腐ったようなにおいがした」

**クレームの状況**

ロビーで待機していると、お客様が「ちょっと、きてください」と呼ぶので、お部屋にうかがった。

「ちょっと、この水を飲んでみてくれ」

おっしゃられたとおり、そこにあった水を飲んでみると、少しにおいがする。

「お客様、この水、いかがなされました？」

「いかがもなにも、ミニバーにあったミネラルウォーターじゃないか！　このホテルじゃ腐った水を客に出すのか！」


ホテルのなかには各部屋にミニバーがついているところがあります。さまざまなウイスキーや各種リキュールのミニボトル、ビール、ミネラルウォーターが入っていて、お客様が自由に寝る前のお酒を楽しむことができるようになっているわけですが、これに対してもクレームがあると聞きます。

「ミネラルウォーターを飲んだら、腐ったような変なにおいがした」

といったものですが、こうしたクレームが出たのはかなり以前のことではないかと思います。現在では、古いものがすぐにわかるように、キャップに製造年月日が明示してあり

## ミニバーの補充の時の注意点

1 お客様がチェックアウトされたら、ミニバーの定数と、各ボトルの賞味期限をチェックする

2 1、に基づいて倉庫から出庫・補充する。必ず日時・賞味期限をチェックする

3 出庫の際には、手前のものから出す。倉庫への補充の際には後ろから補充する

ますから、品質が劣化しているものがお客様の口に入ることはまず考えられません。

もしあるとすれば、お客様が栓を空けて飲まなかったものを、そのままミニバーに戻しておき、それを別のお客様が飲んでしまったというケース。ルームメイキングをするメイドが、万一にもミニバーのチェックで手抜きをするといったことがあれば、これは絶対に起こり得ない事態ではないかもしれません。

この場合にはお客様にお詫びをすると同時に、ホテル側のスタッフへの指示を今一度、徹底するという対応をとる以外にないと思います。

食べ物や飲み物を提供するホテルでは、品質管理はきわめて重要なのです。怠ればホテルの信用を失うことにもなりかねません。

昔は食材にしても飲み物にしても、在庫を大量に抱えておくということがありました。調理場にも大型冷蔵庫が三つも四つもおかれ、それこそデンと部屋を占領していたものです。しかし、冷凍技術やデリバリーのネットワークが格段に進化した現在では、大量に在庫を抱えないでも、食材や飲み物がショートして、お客様にご迷惑をかけるということがなくなり、ホテル側もできる限り、在庫を減らすという方向になってきています。

もちろん、「できるだけフレッシュなものを提供する」という意味からも、在庫を減らすことは有効。品質管理と在庫の調整はリンクしているのです。

ちなみに、食品メーカーのスタンスもそうした方向にシフトしてきています。例えば、アサヒビールでは、営業スタッフがマメに小売店をまわり、在庫のビールをチェックし、製造年月日から1週間以上たっているビールは、新しいものに取り替えるというシステムをとっています。このようなシステムのおかげで小売店側には、「アサヒならば安心」という認識が定着してきているようです。それが〝売上ナンバーワン〟に一役も、二役も買っていることはいうまでもないところでしょう。

**【対応】 チェックの重要性を認識し、過剰な在庫を抱えないようにコントロールする**

# CLAIM 4

# 「レストランの閉店時間が早すぎる！」

**クレームの状況**

ホテルのレストランの閉店時間後、10分ほど過ぎたころに、男性のお客様がいらっしゃった。閉店時間を過ぎているので、その旨、説明すると「店のなかに客がいるじゃないか！　なんで、入れないいんだ」とおっしゃられたので次のようにお答えした。

「申しわけございません。当店の閉店時間は10時になっております。あのお客様は10時前にいらっしゃったお客様でして……」

「たったの10分でそんな差別をすることもないだろう。だいたい、夜の10時に閉店するなんて、普通のレストランじゃ考えられないいな」

深夜族が増えたことと関係があるのかどうか、比較的遅い時間に食事をされるお客様がいます。ホテルのレストランには当然、閉店時間、閉店時間がありますから、その時間外のサービスはできかねます。

「レストランの閉店時間が早すぎる」

これもときどきあるクレームの一つ。しかし、レストランを7時台、8時台に閉めるというホテルがあるとは考えられませんし、ほとんどのところが10時台までは営業しているのではないでしょうか。そのあたりの常識は、お客様にも認識していただきたいところ。

もちろん、営業時間内なら、閉店1分前にいらしたお客様でもサービスをするべきです。

「だったら、1分くらい遅れていった場合もそうしてくれたらよいじゃないか」

という考え方もあるかもしれませんが、閉店時間で区切らないと必ず次のようなややこしいことになります。

「1分遅れがよくて、5分遅れはなぜいけない。それなら2分遅れはどうするんだ?」

それを避けるためにはやはり、1分でも遅れたお客様には「申しわけございません。本日は閉店でございます」と丁重にお断りする以外にないのです。

ただし、ホテル側が決めている開店・閉店時間は、なにがあっても〝不変〟というものではありません。ホテル側の都合で営業時間を延長するケースもあります。

オークラの近くには「サントリー・ホール」というコンサート会場があります。例えば、そこで大イベントが行われ、終了が午後10時になるというようなときは、聴衆は食事をすませていないことが多いわけです。

「素敵なコンサートだったね。今夜はホテルでゴージャスな食事をして帰ろうか」

クラシックやオペラの感激の余韻で、オークラに立ち寄られるお客様がいることは、十分に予想されること。その対応は営業的にもしなければいけません。このような場合、レストランやコーヒーショップのマネージャーの権限で、営業時間が延長されます。

## 営業時間もすべてのお客様に公平にする

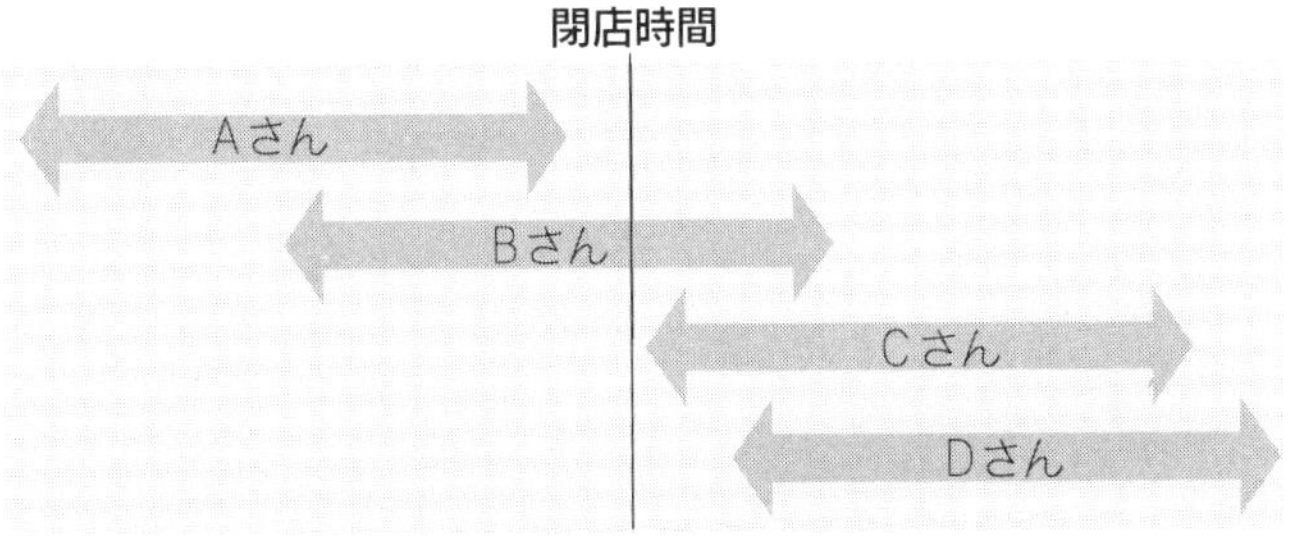


Aさん、Bさんが店内にいても、Cさんに対しては
「閉店いたしました」とお断りする。
そうでないと、Dさんにも入店いただくことになる

営業時間にはこんなクレームもあります。
「まだ食事をしている間に、翌日の朝食のスタンバイを始めた。感じが悪い」

確かに、時間もかなり遅くなり、店内に残っているお客様は一組だけという場合には、翌日の準備を始めることがあります。そんなときは、先にお断りをしておくのがクレームを発生させないためのポイントです。

「大変恐れいりますが、明朝の準備をさせていただきますので、ご容赦ください」

と事前にしかるべき人間が伝えておけば、まず、「ノー」といわれるお客様はいないはずです。

**【対応】営業時間を守ることは、基本。オーダーストップのテクニック、状況判断も重要**

CLAIM 5

# 「ワインをサービスするのに、その前に水を出すのはおかしい」

**クレームの状況**

外国人の紳士がレストランにいらっしゃった。メニューを見て、オーダーをいただいて、ワインをお出ししようとテーブルにいくと、先に出された水を指差しながらけげんな顔をしておっしゃられた。

「私は、水を頼んだ覚えはないが、これはサービスなのか？　それに、ワインを飲みたいという注文を出したのであって、先に水を飲ませるとはどういうことなのだ？」

「おっしゃる通りでございます。しかし、当店ではまず、お水をお出しすることになっておりまして……」と説明したが、なかなか納得してもらえない。


料理やお酒をサービスするタイミングは、意外に難しい面があります。以前、結婚式の披露宴で、ワインをサービスするタイミングに関してお叱りを受けたことがあります。

日本ではお客様に、まず水をお出しするというのが常識のようになっています。そのときも、ワインより先に水をお出ししたのですが、あるお客様からクレームがついたのです。

「ワインをサービスするのに、その前に水を出すのはおかしい」

確かに、ヨーロッパなどでは水はオーダーしなければ出てきません。水も料金を頂戴してサービスするものですから、日本とは事情が違うのです。そのお客様のクレームにもも

## コース料理の基本的な流れを知っておく

| オードブル | スープ | サラダ | 魚料理 | 肉料理 | デザート |
|---|---|---|---|---|---|
| ・オイスター<br>・キャビア<br>・エスカルゴ<br>など | ・ポタージュ<br>・コンソメ<br>など | ・生野菜<br>・魚介類<br>など | ・ボイル<br>・グラタン<br>・ソテー<br>・グリル<br>など | ・サーロイン<br>・リブステーキ<br>など | ・アイスクリーム<br>・プディング<br>・チーズ<br>など |

っともという面はありますが、日本ではサービスする側のマナー違反とはいえません。

　最近は食事のときにワインを飲まれるお客様が増えています。ワインのサービスをするのはその道のプロフェッショナルであるソムリエの仕事。お客様同士が〝差しつ、差されつ〟ということはないのが普通です。

　ソムリエは各テーブルのワインボトルの状態、グラスの状態に常に目を光らせ、つぎ足すタイミングを見計らってサービスします。

　しかし、ときにはこんな事態も起こります。

「まだワインが残っているのに、デザートが出てきた」

　というクレーム。デザートをお出しするのは当然、食事のコースが終了してからですから、これは確かにおかしい。食事が終わるまではワインのサービスも終わっているべきです。ただし、次のような状況も考えられます。

ソムリエがグラスのワインが残り少なくなったと見て、つぎ足そうとしたとき、「まだ、結構です」とお客様にいわれればそれに従います。その結果、食事のコースが終わってもまだ、ボトルにはワインがかなり残っているということがあるかもしれません。

ソムリエとデザートをサービスする係は違いますから、それと知らない係がデザートをサービスしてしまうということは考えられないことではありません。

これはソムリエとデザートをサービスする係のコンビネーションのミスです。ワインが残っていれば、ソムリエは、「ワインのほうはいかがいたしましょうか？」と聞き、お客様がもう飲まないということであれば、「それではデザートをお持ちしてもよろしいでしょうか？」と確認をとるべきです。残っているワインをそのままにするのも、確認なしにデザートをサービスしてしまうのも、手落ちといわざるを得ません。

**【対応】係同士の連携、タイミングの取りかたを、十分に確認しておくこと**

# CLAIM 6

# 「まだ注文したものがこないんだけれど、一体どうしたんだ！」

**クレームの状況**

金曜日の夜。レストラン内は大盛況で、スタッフも忙しく立ち働いていた。

ある一人の男性客がウエイターを呼び止めた。

「もう、随分前に注文を出したんだけど、まだできないの？」

「申しわけございません。もう少々お時間をいただけますでしょうか？」

「おいおい、もう20分近く待ってるんだよ。忙しいのはけっこうだけど、こっちもそんなに時間があるわけじゃないんだけどね」

不満そうに、そのお客様は煙草を吸い始めた。


食事をされるお客様にも、それぞれのＴＰＯがあります。ゆっくりとレストランの雰囲気を味わいながら食事を楽しもうというお客様もいれば、次の仕事までの短い時間の間に腹ごしらえをしようというお客様もいる。

後者の場合、注文された料理が出てくるまでに時間がかかれば、イライラが募ります。

「まだ、できないの？　材料にする魚を釣りにいってるんじゃないだろうね」

など、皮肉のこもったクレームも飛び出そうというもの。そんな事態を避けるためには、注文を受ける際、通常より時間がかかるものについては、お客様に伝えておくようにすることが大切です。

「こちらのお料理は、20分程お時間がかかりますが、よろしゅうございますか？」

これなら、時間がないお客様は違う料理を選び直すでしょうから、時間の上でクレームが出ることはなくなります。

できあがるまでの時間は、料理によって差があります。一概にはいえませんが、よく出る料理は手際よく作る必要がありますから、材料の仕込みなどにも注意が払われていて、できあがるまでの時間も早く、あまり出ない料理は比較的時間がかかるかもしれません。しかし、「時間がかかりすぎる」というクレームは、お客様への事前の〝告知〟でたいがいは防げるはずです。

旅館ではこんな面白い話があります。ホテルと違い、旅館ではお客様が料理を選ぶということはなく、旅館側の決めた料理が並びます。それはそれでよいのですが、係の仲居さんは料理を並べ終えたあと、「どうぞ、ごゆっくり召し上がってください」といって退席するのが普通です。その言葉を〝真に受けた〟グループがいたのです。食べ始めてしばらくした頃、誰ともなく、「途中だけど、ひとっ風呂浴びるか。風呂あがりにまた食べ直すのもまた一興だぜ。仲居さんもゆっくり食べてよいといってたことだし……」といい出し、風呂場に出かけてしまった。その後、どうなったかは容易に想像のつくところでしょう。ひ

## 「時間がかかりすぎ」というお客様への対処法

1度目の催促　「まだ？　できないの？」

対応　「少々、お待ちください」

2度目の催促　「まだ？　時間がないんだけど」

対応　「お時間は何時まででしょうか？」
「あと5分ほどお待ちいただけませんでしょうか？」

2度目、3度目の催促は、謝罪の気持ち、お詫びの量を増やす
また、提供時にも誠意のある謝罪をする

とっ風呂浴びて部屋に帰ったら、食事がきれいに片づけられていたというわけです。

食事の途中で風呂にいくことなど、ベテランの仲居さんでも思い及ばなかったということなのでしょうが、やはり、お客様の姿が見えなかったら、下げるのは待つのがサービス常識。「お下げしてよろしいですか？」と必ず、確認するようにしないと、どんなトラブルになるかわかりません。サービスする側の勝手な判断は危険と心得ましょう。

**【対応】** 特別な料理の時間は、あらかじめお客様に伝えておくべき。サービスする側の勝手な判断は禁物

## CLAIM 7

# 「コースの料理のバランスが悪いなあ。わかってないね、まったく……」

**クレームの状況**

数人グループでいらっしゃった、年配のお客様が「シェフを呼んでくれないか」とおっしゃられた。シェフが「なにかお気づきの点でもございますか」というと……。

「このコース料理はどうなってるのかね。バランスがあまりに悪いんじゃないか？」

「ご不満の点がございますか？」

「確かに、高級な食材を使っているようだが、そればかり出し続けられても、飽きちゃうんじゃないかね」

「しかし……」


フレンチのフルコースにしろ、和食の懐石料理にしろ、そのなかで出される料理には料理人の感性が反映されます。それがお客様の感性とドンピシャなら、「さすがに一流レストラン（料理屋）は違う。料理のハーモニー、バランスが抜群だね」と絶賛されることになりますが、お客様と料理人の感性がマッチしないと、こんな具合の酷評にさらされます。

「あのオードブルの次にあんなスープはないだろう。あれじゃあ、バランスがでたらめだよ。わかってないね、まったく」

料理に携わる人間は毀誉褒貶《きよほうへん》いずれを浴びせられるやもしれないのだから大変です。

## 感動を与える食事とは？

食事を美味しく召し上がっていただくためには、
味覚はもちろん、5感すべてで満足いただくようにする

| 1味覚 | 2視覚 |
| --- | --- |
| 料理のうまい、まずいがわかる。温かいものを温かく、冷たいものを冷たく出すことがポイント | きれいなテーブルクロスなど、清潔であること。サービス員の身だしなみも視覚に訴えかける |

| 3嗅覚 | 4聴覚 | 5触覚 |
| --- | --- | --- |
| ワインの香り、スパイスの香りなどを損なわないように、香りの強い化粧品や、整髪料を使わない。飲食物の香りを逃がさないように、提供するタイミングにも気を配る | 食事にあったBGM、ピアノの調べ、目の前でステーキが焼ける音などを妨げる、雑音や従業員の会話は厳禁 | パンの手触り、温かいプレートの上の料理、冷たいカクテルグラス、椅子座りごこち |

しかし、コース料理にとってハーモニーやバランスは重要です。コース料理は全体として一つのポエム（詩）。前段が次の段落への期待を誘い、はたして次の段落はその期待感を満たして、次へ……という流れがなければ、ポエムは感動を与えません。

オードブルからスープ、さらには魚料理、肉料理、デザートと続くコース料理もそれぞれが絶妙のハーモニーを奏でていないと、お客様の感動や満足は得られません。

それも料理人の感性によるところが大きいのですが、なかには〝不心得者〟がいるから始末に悪い。

例えば、トリュフという素材。キノコの一種でヨーロッパでは豚ににおいを嗅がせて収穫するのですが、キャビア、フォアグラと並

んで世界三大珍味の一画を占める貴重品とされています。だからか、コース料理でやたらとこれが登場することがあるのです。

オードブルには刻んだトリュフが振りかけられ、魚料理にはスライスしたトリュフが添えられている。さらに肉料理にもまたまた、トリュフが……という塩梅です。

確かに滅多に口にすることがない貴重品であることは重々、承知ですが、こうも脈絡もなく大盤振舞されたのでは、ありがたみもなにもあったものじゃありません。

珠玉の言葉は、ポエムのなかにあって、ここしかないという位置におかれてこそ、輝きを放つのです。やたらと顔を出したのでは、せっかくの珠玉も光を失います。

むろん、「○○づくし」というコース料理もありますが、それはハナからお客様が承知して、あえてその食材にどっぷりひたろうという意図のもとにつくられるコースですからなんら問題はありません。

しかし、ハーモニーを楽しもうとする一般のコース料理では、詩情のかけらもない料理人の手になるものはいただけません。私なら断固、〝クレームもの〟です。

**【対応】コースの料理は一連の「流れ」を重視して、「詩情」を含んだものを考える**

# CLAIM 8

# 「このお酒は、変な味がする……」

## クレームの状況

ある宴会後の夜に、出席されたお客様から緊急の電話が入った。

「ホテルで出されたお酒を飲んで、気分が悪くなった人がいる。至急、きてください」

「どのような状況ですか？　なにか、おかしいと感じたものがございましたでしょうか？」

「酒を頼んで、飲んでみたらおかしかった。ウエイターに質問をしたら、これは古酒ですから、そのような香りがしますのでと、いわれたから安心して飲んだのに……」

「申しわけございません。とにかく、至急そちらにうかがい、調査いたしますので……」


先日、こんな話を聞きました。あるホテルの結婚式の披露宴会場で、古酒を注文して飲んだところ、妙な味がしたというのです。サービス係にそのことをいうと、「これは古酒ですから、そういう味なのです」という答え。そこで二杯目を飲んだというのですが、とたんに吐き気を覚え、何人かがトイレに駆け込む事態になったといいます。

調べた結果、その古酒にはエタノールが混入していたことが判明しました。とんでもない手違いですが、ホテルでもこんな完全なミスが起こることがあるのです。

また、別のホテルでも、同じようなミスが起きたと聞いたことがあります。サラダドレッシングに洗浄液が混ざってしまったとのことです。なぜそんなことが起きたのか？

原因はドレッシングの保存法にありました。当時はドレッシングなどを、ウイスキーの瓶とか日本酒の瓶に詰めておいておくということがあったのです。たまたま、洗浄液も同じような瓶に入っていたため、スタッフが取り違えてしまったそうです。しかし、管理の重大なミスであることは否めない事態です。

幸い、お客様はすぐに気づき、全部吐き出してことなきを得たそうですが、ホテル側としてはお詫びしてすむケースではありません。ただちに病院にお連れして、胃の洗浄をしていただきました。しかし、当然、それで一件落着というわけにはいきません。

完全なミスに対しては完全な保障をするというのが、対応の原則です。その後、そのお客様の健康については、一生、保障をするというのが、そのホテルの取った対応です。

具体的には定期的に健康診断を受けていただき、その結果、こちらのミスが原因と考えられる問題がなにかあれば、適切な治療を受けていただく。そのための一連の費用はすべて負担させていただく、ということです。

すでに事故からは20年以上も経過していますが、現在でもそのホテル側の姿勢は変わらないそうです。

どれほど品質管理を徹底し、サービスを提供するスタッフの教育、研修を厳しく行って

## 飲食店で気分の悪くなったお客様がでた

**クレーム**　「お食事をしたら、気分が悪くなったのですが……」

↓

**状況確認**
- A　まずは、状況、事実関係をきちんとうかがう
  その際、「あたった」「食中毒」「吐いた」などの言葉は使わない
- B　次にお客様の容態をうかがう

↓

**過失の有無**
- 1　因果関係が認められること
- 2　店側に過失（注意義務違反）がある

これらが証明された場合損害賠償責任を負う

いるつもりでも、ミスが起きる可能性をゼロにすることはできません。

人間である以上必ずミスは起こります。そこは人知のおよばない領域です。神ならぬ身としては、ミスの教訓をどう活かすかに腐心し、可能性を限りなくゼロに近づける努力をする以外にないのです。

人の手によってサービスを提供するビジネスの難しさはそこにあるのだし、また、同時に、それがやりがいといったものにもつながっているのです。

### 【対応】ミスを犯した側がお客様に対して完全な保障をするのが原則

# CLAIM 9

# 「こんな料理、注文していないけどなあ」

**クレームの状況**

お客様に注文された品物をお出ししたところ、その隣の座っていた女性から呼び止められた。

「ちょっと、あれ、私の頼んだものじゃないの？　仔牛のソテープロヴァンス風は私。仔牛のソテーブルゴーニュ仕立てはお隣だったはずよ」

確認してみるとお客様のおっしゃるとおりなので、謝罪し、隣のお客様にも急いで対応した。

「申しわけございません。ご注文の品とちがうものをお出ししてしまいました。すぐにお取り替えいたします」

「ああ、でも、これ、美味しいからいいよ、このままで……」


レストランが混雑する時間帯などには、お持ちした料理がお客様からのオーダーと違うという間違いが起きることがあります。

「お待たせいたしました。ご注文の○○でございます」と料理の皿をテーブルにおいたところ、「こんなの頼んでないよ」となる。こんなケースではいうまでもなく、すみやかにオーダーを確認し、注文された料理に取り替えるというのが鉄則です。

しかし、お客様のなかには注文した料理がどのようなものであるか、ご存知ない場合もあります。例えば、仔牛のソテープロヴァンス風と仔牛のソテーブルゴーニュ仕立てとい

## 誤った料理を出してしまったときの対応

**A**

別のお客様に料理を出してしまった

お客様が注文された料理と、オーダーを受けた店側とは「契約」関係が成立する。ゆえに、契約で予定されていた品物を提供する「義務」がある

↓

契約した品物をすみやかに提供し直す

**B**

注文された料理と違うものを出してしまった

お客様と店側のイメージしているものが違えば、契約を履行しなおさければいけない

↓

契約の水準を満たすものを提供し直さなければならない

ったメニューがあったとして、その違いを正確にイメージできるのは、よほどのグルメか、以前に食べた経験があるというお客様でしょう。初めて注文するというお客様には、違いがわからなくても無理はありません。

そこで、プロヴァンス風を注文されたお客様が、間違って運ばれてきたブルゴーニュ仕立てを召し上がってしまうということもおこるわけですが、これも係が気づいたら、ただちに、「申しわけございません。ご注文と違うものをお出ししてしまいました。すぐにお取り替えさせていただきます」という対応をしなければいけません。

たとえ、お客様のほうから、「いいよこれで。結構、おいしいから……」といった助け船を出されても、それに甘えるのは間違いで

す。サービスの基本は注文されたものを正確に提供すること。それを満たすことができない行為は、結果的にサービスの質を貶《おとし》めることにつながります。

また、よくあるのが、肉の焼き方についてのクレーム。

「レアで頼んだのに、これじゃあ、ミディアムじゃないか。困るなぁ」

といった具合です。焼き方がお客様の注文と違えば、取り替えるのは当然。たとえ、お客様が半分以上召し上がられてから、焼き方の違いに気づかれたという場合も同じです。

もっとも、ミディアムレアとミディアムの違いというあたりになると、一口召し上がってから喝破《かっぱ》されるお客様は、そうはいません。なかにはミディアムレアで焼き上げたのに、「焼き方はミディアムレアっていったじゃないか。これはミディアムだよ、絶対」ということもあります。しかし、それでもお客様のご指摘なら取り替えるのがホテル側の対応です。

政治家には清濁併せ飲む資質が必要だといわれますが、サービス業には〝不条理〟と思われるようなこともグッと飲み込む度量も求められるのです。

**【対応】** どのような状況・状態であれ、オーダーを受けた通りの品物をお客様にお出しするの原則。すぐに作り直して、お詫びと共にお出しする

CLAIM 10

# 「この料理はもっと辛くして欲しいんだけど」

**クレームの状況**

カレーを注文されたお客様が、一口召し上がってから、ウエイターに質問した。
「キミ、これは辛くしてくれ、と注文したんだが、いつものと味が変わらないのはどうしてだ?」
「はい。当店のカレーはこのような味付けになっておりまして、風味を損なわないように、ある程度までの辛さの調節はできますが、お客様のおっしゃられた辛さにはできかねます」
「風味なんかよりもカレーは辛くなくちゃ美味しくない! 勝手に好みを押し付けられても困るなあ……」

味覚は人それぞれで違います。カレーの味一つをとっても、「とびきり辛いのがよい」という人もいれば、「まろやかな辛さでなきゃ」という人、「むしろ、甘めのなかにピリリと辛さがきいているほうが」という人もいて、まさに千差万別の趣といえます。

一方、レストランにはその店の味というものがあります。これは常に均一でなければいけない。その日によって素材の質に差があったり、味付けの加減が違ったのでは、ビジネスとして成り立ちません。

ホテルのレストランでは、厳しい味のチェックを行っています。お客様に提供する料理は、できあがった段階でシェフがチェックし、少しでも味が違えば、作り直します。もちろん、その前段階の素材のチェックにも完璧を期しています。

しかし、素材は〝生き物〟ですから、多少の個体差があるのは仕方がありません。例えば、結婚式の披露宴などでお出しするエビ料理で、エビの大きさが微妙に違うということはあります。それに対して、「隣のエビに比べて、俺のほうが2～3ミリ小さいじゃないか」というクレームがあっても、これはもうご容赦いただくしかないでしょう。いくら素材のチェックを厳重に実施しているからといっても、サイズがまったく同じエビを100匹、200匹揃えるのは不可能です。肉やその他の素材に関しても同様です。可能な範囲で均一化をはかるというレベルが精一杯です。

ただし、味つけについては、お客様の要望を最大限に取り入れるべきです。自分の好みをいっていただければ、その通りにお作りしなくてはなりません。

前述したように、味は感性の問題。なにがなんでも〝その店の味〟に固執するということはありません。

「もう少し、辛めに……」

「バチッと香辛料をきかせて……」

などなど、どのようなリクエストにもお応えしなければなりません。お客様の要望をネ

## 料理を提供する際の「平等」はどこまで守るべきか

隣のテーブルの魚と大きさがずいぶん違うなあ……

- 大きさについては、素材の差があるので「可能な範囲」での調節が限界
- 味の差は、先にお客様に「お好みの味」をうかがっておく
- 何度もお見えになっているお客様ならば、先に情報をチェックしておく
- ウエイターもただ、運ぶだけではなく、常にその料理の大きさ、色、香り、つやなどをチェックする

ガティブに捉えるということは、サービスをする立場として、厳に戒めなければいけないところ。

何度もご利用いただいているお客様なら、調理場にも「好みの味」の情報がいき渡っていますから、特別にリクエストをいただかなくても、そのお客様の要望に添った味付けでお出しすることになります。

遠慮なく〝好みを告げる〟ことは、レストランを利用される際のポイントでもあり、サービスする側にもありがたいことなのです。

**【対応】どのような「好み」を要求されても、最大限にその要求を取り入れなければならない**

CLAIM 11

# 「おいしいけど、全部平らげると塩分の取りすぎになる」

**クレームの状況**

あるお客様が夕食をレストランで召し上がった。しかし、半分以上を残されているので、スタッフがお客様にうかがってみた。

「なにか、ご不満の点でもございましたでしょうか？」

「ああ、美味しかったんだけどね。全部食べると健康に悪そうだから」

「左様でございますか。しかし、吟味した食材を丁寧に処理しておりますので……」

「そういう問題じゃないでしょう？　だいたい、塩分の取りすぎになっちゃうよ」

「……」


一流といわれるレストランなどのスタッフが、自分の仕事にプライドを持つのは望ましいことです。プライドがあるからこそ、最上のサービスを提供しようという意欲もみなぎるし、現状にとどまることなく、常により上を目指そうというチャレンジスピリットもかき立てられるからです。

ところが、このプライドが裏目に出ることがあります。典型的なのは、お客様になにか注文をつけられたり、いわれたりするのは「恥」だという妙な思い込みがある場合です。

もちろん、言葉遣いや対応の姿勢についてクレームをつけられたら、これは恥と感じな

## 最上のサービスはお客様の求めるものを的確に出すこと

●お客様からの注文
「この料理は味が薄いな。もっと濃くしてくれ！」

✕ わがレストランの料理は最高の味だから、そのまま召し上がって頂くのが最上だ

○ 料理のための料理でなく、お客様に楽しんでいただくためのものだからお好みには的確に対応する

ければいけませんが、お客様に「いっていただく」ことが、よりよいサービスに結びつく局面では、進んでその状況を作ることも必要です。

例えば、高齢者のお客様の場合、塩分を控え目にしているということがあります。そんなお客様に通常の味つけの料理をお出しすれば、「おいしいけど、全部平らげると塩分の取りすぎになりそうだから、少し残すことにするか、残念だが……」ということにもなりかねません。

しかし、これも、あらかじめ、「この料理は味つけが多少、濃いめでございますが、通常通りの味つけでよろしゅうございますか？」などとお聞きすれば、お客様の好みの味で料理をお出しすることができますし、全

部召し上がっていただくこともできるわけです。

（わがレストランの料理は最高の味だから、何人であろうと、注文をつけられたくない）という頑な姿勢からは、こうしたきめ細かいサービスは生まれません。

ボリュームや調理法についても同じことがいえます。ホテルのレストランでは「これでもか！」というほどのボリュームの料理はありませんが、それでも女性のお客様やお子様の場合には〝too much〟ということも考えられなくはありません。こんなときは、「こちらのお肉は通常、２００グラムお焼きしていますが、１００グラム、あるいは１５０グラムとお選びいただくこともできます。いかがいたしますか？」とお聞きしたほうが、お客様にとってはベターかもしれません。

また、肉料理などの付け合わせに使われるポテトには、いろいろな調理法があります。ベークドポテト、フライドポテト、マッシュポテト……。これも、「付け合わせにはベークドポテトがつきますが、フライドポテト、マッシュポテトの形でもお出しできます」とお聞きして、お客様の好みをいっていただいたほうが、サービスとして心のこもったものになるのはいうまでもありません。


**【対応】料理にプライドを持つことも必要だが、お客様の欲求をくみ取り、満足していただけることにプライドを持つべき**

## CLAIM 12

# 「最近、なんだか味が落ちたみたいだけど……」

### クレームの状況

ホテルのレストランをご贔屓にしていただいているお客様が、顔をしかめながらチーフを呼んだ。

「この料理、ぼくの好物だったんだけど、なにか調味料か味付けを変えたのかい？」

「いえ。調味料も、食材も、変えておりませんが、先週から料理長が替わりました関係で、少々、以前の味付けとは変わったかもしれません」

「おいおい、そういうことは先にいうか、以前と変わらない味付けにすることぐらいできなかったのか？　以前の料理長の味が好きだったのに、大変残念だね」

ホテルのレストランで提供する料理は、素材も使う調味料も、もちろんシェフの腕も他のレストランに劣るものではありません。しかし、それでもお客様からこんなご指摘をいただくことがあります。

「最近、なんだか味が落ちたみたいだな。前のほうがおいしかったような気がするんだけど、なにか変えた？」

同じ料理について、素材の質を落とすということは、絶対にありません。ただし、味が多少変わることはある。調理長が変わったときがそうです。

コース料理はポエムだという話をしましたが、それを作り上げるシェフは、いわばアーティストです。

さて、アーティストに最も大切な素養とはなんでしょう。それは個性です。ですから当然、料理にはそれぞれのシェフのセンスが発揮されます。

シェフが変わった場合、以前のシェフの味になれているお客様には、違う個性を持った新しいシェフの味にいきなりは馴染めないため、「味が落ちたのでは?」という印象を持たれることが少なくないようです。シェフが変わって1~2カ月はご指摘があります。

このときも、スタッフのほうから一言いっておくことが必要でしょう。

「今月からシェフが変わりました。レシピは同じですがなにかお気づきの点がございましたらお教えください」

など、新しいシェフに変わったこと、以前のシェフとの違いがあれば、なんでも申し出ていただきたいという事をお伝えしておけば、お客様をいたずらに戸惑わせたり、「味が落ちた」という受けとめ方をされることもなくなるのではないでしょうか。

味の変化を感じたら、口に出していってくださるお客様の場合は、前もって説明していなくても、その場で説明できますが、なかにはこんなお客様もいます。

(前の味が気に入っていたんだけど、味が変わっちゃったから、別のレストランを探すか)

## レストランの味が変わる要因

| | |
|---|---|
| 要因1 | シェフが変わる |
| 要因2 | 調味料が変わる |
| 要因3 | 食材が変わる |
| 要因4 | 調理器具が変わる |

これらの要因があったら、先にお客様に告げておく
情報の提供もサービスの一環であると理解しておく

胸の内にそんな想いを抱いて、足が遠のいてしまう。これでは大切なお客様を一人、失うことになります。

そんなことにならないためにも、説明は意味があります。

「以前のシェフの味がお好みでしたら、そのようにいたしますが……」

このような提案をさせていただけばその大切なお客様にも満足してもらえるでしょう。

ともあれ、情報の提供もサービスの一環だという認識はもっておくべきです。

**【対応】シェフが変わるなど、味に変化が生じる要因があるときは、必ず先にお客様にその旨を告げておく**

CLAIM 13

# 「食事中、何度もサービス係の手が目の前をよぎった、失礼だ！」

**クレームの状況**

7時前後のレストランは非常に混み合う。

そんななか、あるお客様がお帰りの際に、レジの担当にクレームをおっしゃった。

「食事中に、目の前からナイフやフォークをおかれては不愉快きわまりないね」

「申しわけございません。ちょっと、店内が混み合っておりました関係で、ご迷惑をおかけいたしました」

「だったら、最初に一言いってくれれば、もう少し待ってとか、いいようもあったのに」

「……」


サービスを提供する側と受ける側には明確な立場の違いがあります。しかし、最高のサービスの世界は、両者の協力のなかで醸成されていくという面があるような気がします。

食事にこられたお客様から、こんなクレームがついたことがあります。

「食事中、何度もサービス係の手が目の前をよぎった。基本的なマナーがなっていない」

確かに、ナイフやフォークを使っている目の前を、何度も手がよぎったとすれば、目障りなことこの上なしです。

格調高い雰囲気のなかで、ゆったりと食事を楽しもうと考えて、レストランにきていた

## お客様との協力で最高のサービスを作り上げる

・料理をおくとき、空のお皿をどけてもらう

・椅子を引いて、後ろを通してもらう

お客様とのコミュニケーションによって醸成されてゆく

だいたお客様にすれば、感情を害されたとしても無理からぬ話。サービス係には配慮が欠けていたといえます。

　ところが、お客様が壁際の席で、壁にもたれかかるように座っているというようなケースなど、サービスがしにくい状況もあります。当然、不手際も起こりやすくなりますから、クレームに発展することも少なくありません。そういったケースではお客様にちょっと〝協力〟していただけば、係もスムーズにサービスできるということはあるのです。

「俺はサービスを受ける側だ。サービスを提供する側はどんな状況だろうと、俺を満足させるのが仕事だろう」

　このような反論があるかもしれませんが、サービスもコミュニケーション、ふれあいの

一環です。やはり、相互協力は必要ではないかと思います。

例えば、お客様がテーブルの上に書類を広げているという場合、サービス係としては勝手に横に寄せて、料理の皿やコーヒーカップをおくことはできませんから、「恐れ入りますが、少し書類を移動させていただいてよろしいでしょうか?」とたずねることになります。

しかし、お客様がもう少し、書類を整理してしまいたいという状況にあれば、「ちょっと待ってくれないかな。あと、3分で片づけるから……」ということもありそうです。その3分間で料理が冷めてしまえば、せっかくいちばんおいしい状態でサービスをしようと考えているサービス係は、十分その目的を果たせないことになります。

しかし、お客様のほうから、オーダーされるときに、「書類整理で15分くらいかかりそうだから、そのあたりを考慮して、料理を持ってきてくれないかな」の一言があれば、すべての問題は解決です。ときにはお客様の協力を得て、サービスは最高のものになるという認識を持っていただきたいものです。


**【対応】最高のサービスを提供するのはもちろんのこと、お客様とのコミュニケーション、協力によって最高の状況を作ることも大切**

# 第4章

# 【実践】スタッフに関するクレーム

## ～こうすればベスト

●ホテルサービスの質を決めるには、最終的には「ヒト」だといえます。
●スタッフに関するクレームを見ながらどのような「ヒト」が求められるのか見ていきましょう

CLAIM

CLAIM 1

# 「館内をぶらぶらしているスタッフがいる。怠慢じゃないのか！」

**クレームの状況**

スタッフ同士で打ち合わせをしている最中に、お客様からのオーダーが入った。至急打ち合わせを終わらせ、お客様の元にむかった。お待たせしないで対応に出たつもりだったが、お客様は何度か手を挙げていたとおっしゃっている。すぐに、謝罪をしてオーダーを受けたが、「スタッフに緊張感がないなあ」といわれた。

日本にどのくらいの数のテーマパークがあるのか、正確なところはわかりませんが、そのトップに君臨するのは、なんといっても東京ディズニーランドでしょう。

人気の秘密は、スケールやアミューズメント施設の充実ぶりが他を圧倒していることはもちろん、スタッフへのサービス教育の徹底というところにもあるような気がします。

ディズニーランドでは地上はすべてお客様のためにあるという考え方が貫かれています。それを象徴するのが従業員の行動です。いったことのある方は気づいているかもしれませんが、自分の持ち場以外を従業員が所在なげに歩いている姿を見かけることはありません。

## サービスの場における身のこなし方

| | |
|---|---|
| 1）明るい態度と良い姿勢 | 1.基本の立ち姿勢<br>2.お辞儀の仕方<br>3.歩き方 |
| 2）基本動作 | 1.動作にけじめをつける<br>2.指先はできる限り揃える<br>3.ものを指したり案内は掌全体で<br>4.ものの受け渡しは原則として両手で行う<br>5.ものを持っている状態の時は原則として腰より上で持つ<br>6.相手に正対する |
| 3）応用動作 | 1.お客様を案内するときはお客様の歩調に合わせ、お客様が真ん中になるように左斜め前を歩く<br>2.階段、曲がり角、エスカレーター等ではいったん立ち止まる<br>3.名刺を受ける際は両手をお皿のように差し出し、親指で両端をかけるように頂く |

例えば、ディズニーランド以外のアミューズメント施設では、休憩時間中の従業員がパーク内を歩いていたりするのはごく普通の光景です。従業員の休憩所にいくにも、当然、園内を通るわけですから、当然なのですが、ディズニーランドは違います。

休憩時間を迎えた従業員は、地上は通らず、全員地下を通ってしかるべき休憩施設にむかうのです。だから、お客様と休憩中の従業員が接することはまったくないのです。

そして、地下道から地上に出る階段のところにはこう書いてある。

「Let's start on stage」

つまり、ここからステージが始まる、地上に出る従業員はステージに上がることになる、という意味です。お客様が楽しむため、快適に時間を過ごすために最大限、最高のサービスを提供するステージということです。この考え方が、質の高いサービスを実現する背景になっているのは疑う余地がありません。ディズニーランドばかりでなく、サービスの職場はサービスを提供する仕事についているスタッフにとってのステージなのです。そう考えると、やるべきことはおのずと見えてくるような気がします。

俳優はステージで最高の演技を披露するために、何カ月も稽古を繰り返します。ステージはまさに真剣勝負の場です。演技で手抜きをしようものなら、たちまち観客からはブーイングが起こります。

サービスを提供するスタッフも同じです。ステージでの手抜きはクレームに直結します。しかし、実際にはお客様との接触のなかで真剣さを欠いたり、慣れに流されて緊張感を失ったりしているケースが少なくない。ステージに上がる前の準備を怠っているということも多々、見受けられるというのが私の実感です。「Let's start on stage」。仕事の場に一歩踏み出す前に、この言葉を噛みしめるといったことが必要かもしれません。

**【対応】「Let's start on stage」の精神をスタッフに徹底させ、常に最高のサービスを提供できる場としての意識を持たせる**

## CLAIM 2

# 「欧米のホテルに比べてサービスが悪い」

**クレームの状況**

外国人のお客様がお越しになったときに、多数の来客があったのでドアボーイが荷物を運ぶことができなかった。それを見て、次のようにおっしゃられた。
「なんだ、このホテルは客に荷物を運ばせるのか？　とても非常識だ」
もちろん、多忙でなければ必ず荷物はお運びしているのだが、欧米のホテルのサービスを引き合いにだされても……。

以前、ニューヨークにいった際、「ブルックス・ブラザース」というさるブランド店をのぞいたことがあります。目的はブレザーを買うことだったので、そのコーナーにいったのですが、担当スタッフがいない。そこで、隣のコーナーのスタッフに、「このブレザーを試着してみたいのだが……」と告げたところ、「そこはジョージの職場だから、私は関知できない」という返事。

それでは「ジョージはどこだ」と聞くとジョージは食事に出ているとか。日本では考えられないことですが、これが〃欧米流〃の接客術だということは知っていたので、ブレザー購入は見合わせたというしだいです。

それから何年かして、再び、ブルックスにいくことがありました。

「今日はジョージはいるだろう」と思ったのですが、タイミング悪くまたまたランチタイムに出くわしたというわけです。ところが、今度は対応がすっかり様変わりしていたのです。

「あいにくジョージはいませんが、戻ってくるまで私がお相手しましょう。すぐ戻ってきますから、待っていてください」と隣のコーナーのスタッフが、あれこれと面倒をみてくれたのです。ほどなく戻ってきたジョージは、「お待たせして、大変申しわけない。そのぶん、便宜をはかりましょう」と支払い段階で、過分なサービスを見せたのです。

日本ではショップの店員が、客の買った品物をキャッシャーまで持っていき、支払いをすませ、ラッピングして客のもとに戻ってくるというのが流儀ですが、欧米はまったく違います。

キャッシャーと品物を手渡す係が完全に別れており、客はキャッシャーで支払いをし、伝票を貰ってそれをパッケージ係に示し、品物を受け取る。これが欧米流です。

日本に比べ、かなり面倒なのですが、このときのジョージはみずからキャッシャーとパッケージ係の間を走りまわり、日本流で処理してくれたのです。

さらには、「車できたのか、それとも電車か、はたまた歩きできたのか?」とたずね、私

## 国際マナーを知っておこう

**1）プロトコル**（国際儀礼）……**一般的なマナー、高度なエチケット**
・**席順**
暖炉を背にする場所を上位席とし、入り口に近いところを下位席とする。最上位席は主夫人が座り、その対面に主人が座る

**2）国旗**
・招待する国を上位にする。正面のカベに向かって左側が招待国旗、右側が日本国旗となる

**3）習慣**
・**イスラム教**……豚肉を食べず、アルコールは飲まない。左手は不浄の手なので直接飲食に使わない
・**ヒンズー教**……牛肉を食べず、カースト制のある階層の人とは一緒に食事をしない
・**ユダヤ教**……豚肉、エビ・カニ類は食べない

が車だというと、ご丁寧に車のところまで品物を運んでくれるというサービスぶり。「ブルックスも変わったなあ」との印象でした。

国や地域でサービスの流儀に固有のものがあっても、ただそれに固執するのではなく、相手によってフレキシブルに対応する。それもクレームを出させないポイントだということを、ジョージは教えてくれているようです。

**【対応】国や地域の流儀に固有のものがあっても、それに固執することなく、十分なサービスを提供するように心がける**

# CLAIM 3

# 「タクシーで玄関前に乗り付けたが、迅速に荷物を運んでくれなかった」

**クレームの状況**

雨の日、ホテル前に数台のタクシーが到着した。ちょうど、昼間の来客が少ない時間だったので、ドアマンは2名しか配置されていない。急いで、ドアを開けてお降りになるお客様を迎えたが、スタッフが足りない。仕方なく、玄関前に少々、お待ちになっていただいた。すると、お客様がドアマンにいった。

「混んでいるのもわかるけど、挨拶ぐらいはできるんじゃないのか？　不愉快だから、別のホテルのレストランにいくよ」

ホテルにこられるお客様と最初に接するのは、ほとんどの場合ドアマンです。ですから、ドアマンの対応いかんが、お客様のホテルに対する第一印象を決定するといえます。

「いらっしゃいませ。ようこそお越しくださいました」

という言葉で迎えられれば、たいがいのお客様はホテルの館内に入る前にすでに、心地よい気持ちになるはずですし、逆に、なおざりな黙礼だけといった、ぞんざいな扱いをされれば、「なんだ、このホテルは！」と、そのホテルのレストランで予定していた昼食を別の場所に変えてしまうかもしれません。

## お客様によい第一印象を与えるための方法

**視覚的**

1.表情
2.身だしなみ
3.姿勢
4.お辞儀
5.動作

**聴覚的**

1.挨拶
2.返事
3.明るく聞きやすい声

ドアマンはホテルの「顔」なのです。そのドアマンに関するクレームで多々あるのが、「タクシーで玄関前に乗りつけたところ、迅速に荷物を運んでくれなかった」といった類のクレームです。オークラの場合、ドアマンの教育にはもちろん、万全を尽くしていますから、〃ぞんざい派〃などいないはずですが、状況によってはお客様にそのような不自由をおかけすることがないとはいえません。

　ホテル前には頻繁に車がつけられます。ときには4台、5台が間髪をおかずに到着というケースも珍しくありません。そんなとき、配置しているドアマンが3人だとすると、ほぼ同時に到着した5台のうち、2台については瞬時には対応できないことになります。

　しかし、ホテル側もそれをカバーする体制

をとっていないわけではないのです。ドアマンはそれぞれ、呼び出し用のベルを鳴らす無線の器具を持っています。

応援が必要なときには、そのボタンを押すと、館内のページボーイのカウンターのベルが鳴り、ページボーイが駆けつけてくるという具合です。ですから、それほど長時間、到着されたお客様をお待たせするということはないと思うのですが、もし、「迅速でない」と感じたとすれば、ドアマンの対応にフォローがなかったのかもしれません。

「申しわけございません。すぐに係が参りますから、少しお待ちいただけますでしょうか」

自分の手がまわらないお客様に、すぐさまそう声をかけ、ページボーイを呼ぶボタンを押す。この声かけがクレームになるかならないかの境目です。

「ボタンを押せば、すぐページボーイがくるのだから……」

だからといって声かけを怠るのは、勝手な判断であり、対応ミスです。お客様の感じ方はさまざまですから、ページボーイがくるまで10秒とはかからなくても、迅速対応にあらず、と感じることもあるのです。怠慢はサービス係が最も注意しなければならない陥穽《かんせい》です。

## 【対応】他部署からの応援ももちろんだが、お客様を多少でもお待たせする場合は必ず「声かけ」をしておく

CLAIM 4

# 「不愉快な想いをした。スタッフの教育がなっていない！」

**クレームの状況**

結婚式の披露宴をホテルで行うことになった。

順調に式は進んでいたが、新郎の叔父様のお話しが予定の時間を過ぎても終わらない。

次の予定も入っているので、お話しの途中で料理を下げ始めた。

しかし、「人が話している途中で、ガチャガチャと料理を下げるとは何事だ！」と主催者を怒らせてしまった。

「申しわけございません」

「スタッフの教育はどうなっているんだ！」


ホテルのスタッフの対応に関して、「不愉快な想いをした。教育がなっとらん」といったクレームがつくことがあります。しかし、お客様に不愉快な想いをさせようとして対応しているスタッフは、当然ながらいません。それでもその種のクレームがあるのは、お客様の願望とスタッフの行動との間にギャップがあるからです。お客様が、「なんといっても天下のオークラだ。極上のサービスが期待できるぞ」というときに、こちらが「並み」のサービスを提供したのではお客様の満足は得られません。お客様の願望を読む呼吸は、日々意識的に磨く必要があります。

とりわけ、大勢のお客様が一堂に会する結婚披露宴などでは、ちょっとした気配りの欠如がクレームに結びつきます。

例えば、来賓の挨拶がいささか長きにおよんだというようなケースでは、その間に、料理の皿を下げることになったりします。出席者が200人いるとして、はるかに時間をオーバーしている挨拶を拝聴している人は、間違いなく少数派。大半はすでに目の前の料理を食べ終え、次の料理を待っています。

そこで、挨拶が続いているなかで皿を下げ始めると、「大切な人の挨拶を雑音で妨害した」「来賓に対してなんたる失礼なことをしてくれたんだ」といったクレームがつくのです。

しかし、これは〝事前の根まわし〟をしておけば、回避できるクレームだといえます。時間的にどうしても下げざるを得ない状況になったら、挨拶している来賓にメモを入れるのです。

「恐縮でございますが、お皿を下げさせていただきます」

そして、披露宴の主催者に対しても、「時間通りに進めさせていただくために、下げさせていただきます」とメモで一報。主催者側は来賓に失礼があってはいけないと気を遣いますから、こちらもフォローしておかないと、トラブルになりかねません。

もちろん、そのうえでサービスする側はできる限り音を立てないように気配りをするの

## お客様の要望に応えるリーダーシップ

人の心をつかみ、動かすというリーダーシップが対人サービスをしている業務には必要

リーダーシップとは？

1、人間が好きで、人の心をつかめる
2、スタッフ同士のやる気、注意、アイデアを引き出す
3、国際的な文化、宗教などの視野を持ち、指導できる
4、スタッフの長所を伸ばし、育てるという、リーダーシップを発揮する
5、物事の展開を先に読み、手順、方法に気配りができる

はいうまでもありません。挨拶が一段落して、出席者が自由に歓談している時間帯であれば、ＢＧＭのボリュームを少し上げるなど、雑音をカモフラージュする工夫が必要かもしれません。

しかし、それでも皿にナイフやフォークを落としたりといった〝粗相〟をするスタッフがないわけではありません。これは普段からのキャプテンの指導力の問題です。

付け焼き刃は通用しないのがサービス。それを肝に銘じ、日頃の指導に力を注ぐかどうかが、上に立つ者の器量ということでしょう。

**【対応】付け焼き刃のサービスは通用しない。日頃の指導によってスタッフの気配りや失敗を減らすようにしておく**

CLAIM 5

# 「ベッドの下に前の客の忘れ物が落ちていた」

**クレームの状況**

ベッドのわきに前の客の物か、パンツがはさまっていた。気持ちが悪いので、すぐにフロントに電話をして係を呼び出した。ものの2、3分で係が飛んできたのだが、「気持ちが悪いから、部屋を取り替えてほしい」と申し出ると、「私の一存では決められないから」とマネージャーに内線をして指示を仰いでいる。その間、パンツも片づけようとしないままだ。とても不愉快な気分だった。

ホテルの部屋にはさまざまな忘れ物が残されています。新しいお客様を迎える前には、その処理を完全にしておくのがホテルマンの常識です。

「ベッドの下に前の客の忘れ物が落ちていた」

そんなクレームが出るようでは、ホテルマン失格です。私が若かった頃、常連のお客様のなかに、決まって忘れ物をされる方がいました。ポルノ系の雑誌や写真がその忘れ物。当時としてはなかなかの珍品でしたから、若いホテルスタッフにとっては「喉から手が出る」代物。その方がチェックアウトされると、たちどころに若いスタッフの間でアイコン

# ホテルの忘れ物対応法

**遺失物に対する取り扱いは、サービスの良し悪しを決めるバロメーターであるという認識を持つ**

- お客様がお帰りの際に、お部屋を必ずチェックする
もし、忘れ物があるようならば、すぐにお声をかけてお返しする
- お帰りの後、忘れ物が発見されたら、「忘れ物台帳」などに記入し、遺失物が係に届ける。その時に、必ず係のサインをもらっておく
- 財布、パスポートなど、貴重品の場合は、発見し次第、フロントに届ける

タクトが交わされ、ご指名を承ったスタッフは脱兎のごとく、忘れ物捜索に飛び込んだものです。

それは、はるか昔の思い出話ですが、どんな物にしろ、忘れ物の一掃を徹底しないと、たちどころにクレームの対象になります。

ホテルを利用されるお客様は、それぞれに状況も違えば目的も違う。もちろん、年齢、性別、人格、嗜好もマチマチです。それだけに、どんな物が忘れ物として残されているか想像がつきません。

実際、ベッドの下に使用済みの女性の下着が残されているといったこともあれば、思わぬところに汚れ物が詰め込まれているといったこともあるのです。

それを見過ごして、次のお客様を迎えたり

すれば、ホテルの格が急降下することは免れません。

そうした事態を避けるには、通り一遍のチェックでよしとしないことです。

「まさか、こんなところに汚れ物はおかないだろう」

といった常識論、先入観は禁物です。いかなる可能性もないではない、というスタンスで、想像力のおよぶ限り、細かいチェックを実行することが必要です。

そして、発見した物はどんな物であれ、ただちに自分で処理する。それができなければホテルマンの資格なし、と考えたほうがよい。

「こんな物がありましたけど、どう処理すればよいのでしょうか？」

予想外の忘れ物を前に動揺して、いちいちそんなおうかがいを立てているようでは、ホテル業務はすぐさま支障をきたします。しかし決して不用な忘れ物ではないことがあるので判断力が必要になります。

**【対応】常識、先入観を排除し、できる限り細かいチェックを行うようにする。また、自分が判断してもよいものか、悪いものかを見きわめる眼を養っておく**

# CLAIM 6

# 「この前の部屋と同じレベルじゃなければ納得がいかない！」

**クレームの状況**

夫婦でお見えになったお客様が、チェックインをすませ、ドアボーイに案内されて部屋に入った。なにげなく、部屋を見回していると、突然、ドアボーイにおっしゃられた。
「一カ月前にこのホテルを利用したときと、この部屋は、同じ値段なのにどうして、前の部屋より も狭いんだ？」
「この前は、2万円のお部屋がございませんでしたので、2万6000円のお部屋に2万円でお泊まりいただいたのですが」
「それはホテルの事情じゃないのかね。僕たちは、あの部屋が気に入ったからまたきたのに……」

ホテルでは原則として、部屋やレストランなどの料金の値引きはしません。料理の料金にしても材料費、什器代、調理の技術、サービスの提供といった多くの要素を踏まえたうえで設定しているわけですから、値引きなどしたら採算が合わないことになります。むろん、特定のお客様だけに値引きサービスをすることは、すべてのお客様に〝同じ〟サービスをするという鉄則にはずれることになりますから、絶対にしてはならないことです。

ただし、このようなことはあります。

お客様から2万円の部屋の予約をいただいていて、なにかの都合で、2万円の部屋が全部塞がってしまったという場合。これはお客様には関係なく、ホテル側の都合ですから、2万円の部屋がなければ、その上のランク、例えば2万6000円の部屋に泊まっていただくことになります。もちろん、お客様からいただく宿泊代は2万円の部屋を利用されたときと同じにしなければなりませんから、形の上では値引きしたことになります。こうしたケースで重要なのは、お客様にその旨をきちんと伝えておくことです。

「申しわけございません。あいにく、ご予約いただいたお部屋がご用意できませんので、2万6000円のお部屋をご利用いただけますでしょうか。こちらの勝手でございますので、もちろん、お部屋代は2万円でお願いいたします」

このようにお客様に事情をのみ込んでいただいた上で部屋を変えないと、あとあと問題が起きることになります。

事情説明がなければ、2万6000円の部屋に入られたお客様は、そこが「自分が予約した2万円の部屋」と認識されます。

部屋の造り、広さなどは、当然、2万円と2万6000円の部屋では違います。「ほう、2万円にしてはゴージャスな部屋だなぁ。これはいいや。今度から東京にきたときは、このホテルを定宿にしよう」ということになるかもしれません。しかし、次回、予約をいただいたときには、2万円の部屋にご案内することになりますから、クレームが発生してし

## 「特例」に対する注意点

**CASE**

２万円の部屋で予約をいただいたが、その部屋が用意できなかった。とりあえず、空いている２万6000円の部屋に入っていただいた

1）必ず先に「２万円の部屋がご用意できませんでしたので、同一料金で２万6000円のお部屋をお使い願えませんでしょうか」という断りを入れる

2）こちら側の事情である、ということを言明しておく

まいます。

「なんだよ、この前と違うじゃないか。このホテルは同じ値段でも、いろんな部屋があるのか？　２万円払っているのだから、この前と同じ部屋じゃなきゃ、納得できない！」

お客様にしてみれば、当然のクレームです。そのときになって、前回は〝特例〟であったという事情を説明しても手遅れです。

ホテルのスタッフがやるべきことをやらないと、そのツケは、大きなクレームにつながる可能性があることを十分、認識しておかなければいけません。

**【対応】値引きはしないのが原則。しかし、都合で原則を変えなければならないときは、必ず事前に説明をしておく**

CLAIM 7

# 「説明はいいから、休ませてくれませんか」

**クレームの状況**

お疲れの様子の老婦人のお客様がチェックインされた。お荷物をお部屋に運んだ後、マニュアル通りに「もし、よろしければ、お夜食でもお持ちいたしましょうか」とメニューを差し出し、館内施設の説明を始めると、静かに説明を遮ってお客様がいった。
「疲れているので、とにかく休みたいんだけど……」

サービスは「間」である。旅行に出かけた折など、しばしばそれを実感します。高級旅館の特別室などに泊まると、至れり尽くせりのサービスが絶妙の「間」で提供されたりします。ドアの外に女性スタッフが常に待機していて、こちらの物音で状況を聞き分け、例えば、着替えをしていることを察知すると、「お手伝い申し上げます」とくる。極上の気分になります。思わずチップもはずみたくなるというものです。

一方、間が悪いサービスはクレームに直結します。長い旅程を経てようやく到着した旅館。「まずは、トイレで用を足して……」と考えているときに、ベッタリくっついて離れず、

## 「間」を見極めるポイント

| | | |
|---|---|---|
| 表情 | ・疲れている | 早くお休みいただく |
| | ・あせっている | 何かご用件でも…… |
| 態度 | ・そわそわしている | 早めに下がる |
| | ・のんびりしている | 少しお話しでもしてみる |
| 人数 | ・カップルのお客様 | 早く下がって、お任せする |
| | ・団体客 | 長々とした説明は避ける |

世話を焼いてくれる仲居さんは困りものです。先方としては、お客様を部屋に案内したらするべきことのマニュアルがあって、それをこなしているのに過ぎないかもしれませんが、こちらにも事情があります。

尿意や便意が極限にまで達しているときに、「ひと休みなさったら、お散歩に○○までいらっしゃるとよいですよ。今、紅葉の真っ盛りで……」と観光案内をされても、聞く耳を持てないというのが正直なところです。トイレに駆け込めばよいといっても、和風旅館では密閉度に限界があるから、放尿音、放屁音、排便音などが気になって、堂々、トイレタイムを満喫できないのが現実。

気配を察し、早々と部屋をあとにするというのが「間」を心得た仲居さんの対応というものです。

女将の挨拶も「間」が悪いと迷惑千万。「玄関で挨拶したんだからもうよいじゃないか！」とクレームの一つもつけたくなります。長っ尻の仲居さんがようやく退散したとホッとしたら、今度は女将が登場といったケースがこれ。仲居さんの前にすばやくすませるとか、仲居さんがいる間にちょっとこなすとか、いくらでもよい「間」はあるはずなのに、一方的な応対をされてもそれは押し付けです。

お客様の人数や（おおよそ推測できる）関係性、雰囲気といったものから、なにを望んでいるかが見て取れないようでは、女将の名が泣こうというもの。日頃の観察力の欠如は確実に、リピーターを減らします。

早い話、お忍びの旅のカップルなら、必要最小限の接触だけして、あとは〝ご随意に〟というのがわきまえたサービスで、至れり尽くせりはありがた迷惑というものです。

担当の仲居さんに、「〇〇の間は、お客様にできるだけお任せするようにして……」と耳打ちしてこその女将です。


**【対応】お客様の人数、表情、雰囲気から、「なにを望んでいるのか」を見抜き、それに応じた「間」を提供するよう心がける**

CLAIM 8

# 「スタッフの気配りが足りない」

## クレームの状況

ホテルのレストランで、バイキングの朝食を召し上がっているお客様が、ウェイターを呼び止めた。

「気配りが足りないんじゃないか？　あの料理はもう、空になってからずいぶんたっているよ。あれが食べたいと思ってたんだ」

「申しわけございません。あの料理は、お出しするまでに少々お時間がかかりますので」

「バイキングなんだから、そんなことは関係ないだろう？　きちんと、なくなりそうなタイミングをはかっていれば、切らすことはないんじゃないか？」


最近では朝食をバイキング形式にしているホテルが多いようです。そこで、こんなクレームが出ることもあります。

「食べたい料理がなくなっていても係が気づかない。気配りが足りないのではないか」

確かに、お客様に好きな料理を好きな量だけ召し上がっていただくのがバイキングですから、これは問題です。

しかし、レストラン内には料理の残量をチェックするスタッフが必ずいるもの。空になった料理をそのまま放っておくことはまず、考えられません。たまたま追加するためにちょっと時間がかかり、空の状態になっていたのではないでしょうか。

もっとも、バイキングの終了時間まぎわには、料理の量をコントロールするということはあります。終了10分前になってどっさり料理を追加したのでは、大量に余ってしまうことは必至。余った料理は使いものになりませんから、コスト的にも見合わないのです。

ただし、その場合でもスタッフに申し出ていただければ、すでになくなっている料理を一人分だけ作り、お出しするということもできるようにしておくとよいでしょう。

また、お客様と長時間、お話しする場合も配慮をしないと、クレームの原因になります。「特定の客ばかりと長々と話している。他の客をないがしろにしているんじゃないか」というわけです。実際、常連のお客様などの場合、顔見知りのスタッフと多少、話し込んだりするケースはあります。他のお客様がそれを見て、「サービスはそっちのけで無駄話をしている」と受け取ったとしても無理もないかもしれません。

これはあきらかにスタッフの側の問題です。お客様とお話をする場合には、対面は禁じ手です。面と向かってお話をしていれば、他のお客様からは話し込んでいるとも映るし、他のお客様に対する目配り、気配りもできにくくなります。

お話しするときは、お客様のサイドに立ち、耳ではお話を聞いていても、目は周辺のお客様にくまなく配り、何かご用がありそうな様子のお客様を認めたら、「ちょっと申しわけ

## どのように目を配ったらよいのか

受け持ちのテーブルを決めておき、そのテーブルを重点的に見る
しかし、全体でチームワークを取れるようにおたがいもよく見る

・ナプキンの枚数

・お客様の動き

・灰皿は３本以上たまったら取り替える

なにより、気持ちよく召し上がっていただくための
サービス、目配りであることを忘れずに

ございません」と話を打ち切り、即座にそちらのお客様の対応をするというふうにするのが、会場スタッフの常識です。

サービスする側はどのお客様に対しても同じように対応するのが原則。特定のお客様にばかり〝肩入れ〟をしているようにとられかねない行動は、厳に慎まなければいけません。〝李下に冠をたださず〟の言葉もあるように、疑わしきことはしないのが、公平公正を求められる人間の行動原理です。

**【対応】どのような場合でも、常に目配りできるようにする。**

**1、特定のお客様と話し込まない**

**2、話をしても、耳はお客様に、目は全体を見る**

CLAIM 9

# 「混雑しているときのサービスが雑だった」

## クレームの状況

昼時のホテルのレストランは、近所の会社からいらっしゃるお客様でたいへんな混雑である。スタッフも心得ており、人数を配置しているが、あるとき、「がまんならない」とお客様がクレームをおっしゃった。

「コーヒーを出すのに、こぼしても気づかない。料理を出すときに雑におく。注文を出すときに、なかなかウエイターがこない。最低だな」

いくらなんでも、混雑している状況を見て、少しは考慮してくれてもよいのに……。

お客様の数とスタッフの数のバランスは、サービスの質にも影響します。例えば、レストランでも、50人のお客様に対して5人のウエイターがサービスにあたるのと、70人のお客様を同じ数のウエイターが担当するのとでは、やはり差が生まれます。そういった事情から「混雑しているときのサービスが雑だった」といったクレームも出るというわけです。

ホテル側もどうにも手が足りないと判断したら、他のセクションから応援部隊を派遣することがあります。オークラの場合は、次長クラスのスタッフが各セクションをまわり、必要があれば「○○から××に何名出せ」という指示を出すことになっています。

## 混雑時に気をつけるべきポイント

1) 「忙しいのだから……」とお客様に思わせない

2) 雑を感じさせない

3) 優雅に振る舞う

4) 「お待たせいたしました」などの言葉のフォローをする

しかし、基本はあくまで、それぞれのセクションが自前のスタッフでまかなうこと。それもマネージャーの手腕ということになりますから、なんとかやりくりしようとするのが普通です。

さて、混雑時の対応のポイントですが、カギを握っているのはスタッフの振る舞い方。「混んでいるのだからしょうがない。お客さんだって、見ればわかるだろ」

そんな心中が見え隠れするような振る舞いは、お客様に「雑なサービス」と感じさせる元凶です。

コーヒーをサービスするのでも、慌ただしくカップをテーブルにおき、ソーサーにコーヒーがこぼれているのもかまわず、そそくさと立ち去ってしまうといったことがあれば、お客様が「そんなやり方はないだろ！」と感じるのは当然の話。「雑」を感じさせないためのキーワードは「優雅さ」です。混雑しているときほど、振る舞いを優雅にする。「忙しいときにそんなことをいわれたって……」などというなかれ。いかにも忙しそうに振る舞うのと優雅に振る舞うのと、実際のところ、タイムラグはそれほどないのです。しかし、お客様から見れば、その違いは歴然です。サービスぶりに優雅さが漂っていれば、「こんなに混んでいるのに、よくスムーズにやるものだ。さすがにプロ！」と賞賛の声もあがろうというものです。

また、言葉のフォローも大切です。お客様が待たされていると感じているときに、「ご注文のコーヒーでございます」という言葉だけでは、「なんだよ。待たせて悪いって気持ちがないのかよ」となってもいたしかたなしですが、「お客様、大変お待たせいたしました。ご注文のコーヒーでございます」と一言、お詫びの言葉を付け加えれば、お客様の不愉快な気持ちも解消されるのではないでしょうか。〝難局〟を乗り切るにはやはり、きめ細かいサービス、フォローこそが大切になってくるといえます。

**【対応】混雑しているときこそ、優雅に振る舞うようにするべき。また、「お待たせいたしました」と忘れずにお詫びすること**

CLAIM 10

# 「チェックインした際、N新聞を入れてくれといったのに伝わってない！」

**クレームの状況**

外出していたビジネスマン風のお客様に、フロントが次のように尋ねた。
「お帰りなさいませ。明朝はY新聞をお入れしておけばよろしいでしょうか？」
「昨日、いったはずだ。N新聞にしてくれ」
「申しわけございません。N新聞をお入れいたします」
「一度、チェックインの際にいったことくらい、きちんと覚えておけないのか。なんのためのスタッフ間の引き継ぎなんだ！」

お客様にとって心地よいサービスとは、「自分のことをわかってくれているのだ、ということが伝わるサービス」といえるかもしれません。これはホテルのスタッフがわきまえておかなければいけない。

例えば、連泊されるお客様からチェックインの際、こんな要望があったとします。

「新聞はN新聞を入れてください」

このお客様の要望はフロントを担当するスタッフ全員が、知っておく必要があります。そうしておかないと、翌日、ホテルに戻られたお客様に、別のフロント係が、「お客様、明朝は何新聞をお入れいたしましょうか?」と聞くことになりかねないからです。何度も同じことを聞かされて、さて、お客様の反応は?

「昨日、チェックインしたときN新聞を入れて欲しいっていっておいたんだがなぁ。伝わってないんだ……」

というクレームが出るのは必然。心地よいサービスどころか、不愉快な想いをさせてしまうことになります。お客様から一度うかがった要望、希望はしっかりインプットして、再度いわれないでもそれを通す。これはスタッフの大切な心得です。

ことは新聞に限りません。お客様が食事をとるレストランでも、他のあらゆる場面でも同じです。

朝食時に、「お客様、コーヒーはいかがでございますか?」とうかがって、お客様から「僕はミルクティーにしてください」という応えが返ってきたら、すぐさまこの情報はインプットしておくのです。そうすると、翌朝の対応はこんなものになる。

「お客様、今朝もミルクティーでよろしゅうございますか?」

この一言で、お客様は、自分の好みをスタッフがわかってくれていると思うのです。それが心地よいものであることはいうまでもありません。前日と同じように、「お客様、コーヒーはいかがでございますか?」という対応をされるのとは雲泥の差です。

## スタッフ間の引継事項の例

引継事項

505号室　○○様

**長期客で毎日19時に伺うこと**
**ベッドを使用していたら、必ず作り直すこと**
**バスルームはきれいに磨き上げて、**
**タオルも交換し、お茶も交換しておく**
***とにかく、丁寧に！**

**朝刊はN新聞**

こう考えると、お客様に心地よさを提供する場面はいくらでもありそうです。

エレベーターに乗り合わせたお客様の部屋のフロアがわかっていれば、「5階でよろしゅうございますか？」という対応ができますし、煙草を吸わないことをインプットしておけば、レストランやティールームの入口で、「煙草はお吸いになられますでしょうか？」とうかがわずとも、スッと禁煙席にご案内できるというわけです。

**【対応】お客様に関する情報は、スタッフ同士で共有することを徹底させる**

# CLAIM 11

# 「去年も結婚記念日できたのに、覚えてないのか！」

**クレームの状況**

老夫婦がホテルにチェックインされた。

何度かお越しになっているお客様だったので、すぐに、フロントの係が声をかけた。

「いらっしゃいませ。以前ご利用いただきましたね」

「結婚記念日でね」

「左様でございますか。おめでとうございます」

「去年も、同じ日にきて、結婚記念日を祝ったんだが、覚えておらんかね」


お客様に関する情報はスタッフ間に徹底させておく。これもサービスの秘訣です。

今はコンピュータ時代となって、なんでもかんでもデジタル化の方向にあります。ホテルでも、お客様の予約はすぐその場で、コンピュータにインプットするようになっています。確かにそれで予約に関する業務の処理はスピードアップし、間違いも少なくなってはいますが、それでサービスが向上したと考えるのは、あまりに短絡的です。

機械的な処理能力とサービスの質とはおのずから別物。せっかくデータ上に記録されていても、活用されないことが多いのです。お客様の想いを感じたり、感謝の心を持って接

## 押さえておくべきお客様の情報

**GUEST HISTORY**

| | |
|---|---|
| 氏　名 | |
| 年　齢 | |
| 住　所 | |
| 会　社　名 | |
| 国　籍 | |
| 旅　券　番　号 | |
| 喫煙か否か | |
| 各　種　嗜　好 | |
| 新　聞 | |
| 前回いらした時の記録 | |

するには、アナログ的発想が必要です。

その有効な武器になるのがメモです。例えば、レストランの予約をいただいたお客様について、（そうだ、このお客様が食事にいらっしゃる日は確か結婚記念日でこれこれのサービスをしたなぁ。お祝いを申しあげなきゃ）ということがあれば、その場でメモしてデスクの上に貼っておく。

〈○月○日・××様・結婚記念日〉

頭で考えていただけでは忘れることが往々にしてありますが、メモの形で残し、目に触れるところに貼っておけば、大丈夫です。

それで、当日お客様がいらっしゃったときには、「いらっしゃいませ。いつもありがとうございます。今日は確か15周年でございますね。おめでとうございます」という挨拶が間違いなくできることになります。

メモを取っていなければお客様が帰られたあとになって（いけない！　あのお客様の結婚記念日だったんだ……）ということになる可能性は大いにあります。どちらの対応がお客様にとって心地よいものであるかはいうまでもありません。メモの効用は大きいのです。

電話の応対でもメモは必要です。ときどきこんなことがある。電話をして、「オークラの橋本ですが、××さんいらっしゃいますか？　○○の件でお話ししたいのですが……」と告げているのに、次に電話を取った人間が、また、「どちら様でいらっしゃいますか？　ご用件は？」とくる。

最初に電話を受けた人間がきちんとメモを取っていれば、こんなことになるはずはないのです。この場合の私の返答は「名前と用件はさっき申し上げた」だけです。

相手がいくら「恐れ入りますが、もう一度……」と懇願したところで、同じことを繰り返すのは断固、拒否です。これがサービス業なら確実にお客様を失うことになる。

「この時代にメモなんて……」

などとタカをくくっていると、足元をすくわれます。

**【対応】電話にしろ、お客様の細やかな事柄にせよ、必ずメモを取る習慣をつける**

CLAIM 12

# 「サービスをするときなのに、『失礼します』とはどういうことなんだ！」

**クレームの状況**

ホテルのレストランで、ウエイターがお客様に注文を取る際に、次のようにうかがいにいった。

「失礼いたします。ご注文はお決まりでしょうか?」

すると、不機嫌そうな顔でそのお客様は聞き返してきた。

「何か失礼なことでもしたのかね」

「いえ、失礼なことはしておりませんけれど……」

「それならば、その言葉遣いはおかしいのではないかね」

「…………」


私には常々、摩訶不思議に映る光景があります。どこかのレストランやティールームなどに入ったとき、店のサービス係たるウエイトレスやウエイターが、お客様のオーダーを取りにきて、この決まり文句。

「失礼いたします。ご注文はなんになさいますか?」

普段、聞き慣れているし、聞き流してしまえばどこといって違和感はないかもしれませんが、私にはどうにも納得できかねるのです。これからサービスに努めようとする人間が〝失礼する〟とはどういうことでしょう。どんなレベルの店であれ、サービスを提供することで成り立っている限り、そこに失礼をされにくるお客様は絶対にいません。

これはあきらかにボキャブラリー・ミス。言葉の遣い方をぞんざいにしているとしかいいようがありません。「失礼します」がいつ頃から、サービスをする人間の決まり文句として定着したのかは知りませんが、間違っていることは即刻、あらためるべきです。

オーダーを取るなら、「いらっしゃいませ。ご注文はなにになさいますか？　ありがとうございます」がまっとうな言葉遣いですし、注文品を持ってきたら、「お待たせいたしました。ご注文のコーヒーでございます。ありがとうございました」でなければおかしい。

サービスはすべからく、「ありがとうございます」「さあ、どうぞ～」という言葉で始まるのが自然ですし、正しいのです。

「失礼します」も「お邪魔いたします」も、断じてサービス用語ではありません。精一杯のサービスを提供する意気込みがあるのに、〝恐れ入る〟必要などどこにもないのです。

お客様との対応のなかで、状況に応じた的確なボキャブラリーの使い分けができる。これはサービス担当者の基本です。

もちろん、なにか不都合があれば「失礼いたしました」や「申しわけございません」「お許しください」といった言葉を遣うのが適切な場面も出てくるでしょう。

しかし、それだって状況によって遣い分けなければおかしなことになります。そのため

## 接客の5大用語

「いらっしゃいませ」

「ありがとうございます」

「かしこまりました」

「恐れ入りますが」

「お待たせいたしました」

→普段から自然な言葉遣いができるように研究をしておく

には、普段からこの状況で適切な表現はなにかを自己検証しながら、お客様に対応する以外にありません。何の疑いもなく「失礼します」を連発しているようでは、いつまでたっても状況判断などできるわけはないのです。

一度、「失礼いたします」を封印して接客してみるのも方法。おそらくいかに、その言葉に頼っていたかを思い知らされることになるはずです。改革は現状認識から始まるという原則に照らせば、これはなかなか有効な方法だと思います。

**【対応】普段から、状況に応じた適切な表現はなにか、自己検証しておくこと**

CLAIM 13

# 「『オー、ヤー、ＯＫ』とは失礼ないい方だな」

**クレームの状況**

外国人のお客様がおいでになった。スタッフが二言、三言そのお客様とお話しして、軽いジョークをおっしゃられたので、こちらも気さくに「オー、ヤー、ＯＫ」とお答えしたところ、それをフロントでご覧になっていた、別のお客様がフロントの係にクレームをいった。

「いくらなんでも、『オー、ヤー、ＯＫ』という言葉遣いはないんじゃない？　日本語でいうところの『おう、わかった』ってことよ。失礼ね」

「申しわけございません。スタッフには厳重に注意をしておきますので」

「このホテルの格式を疑っちゃうわね……」

ホテルマンには洗練された言葉遣いが求められます。お客様にとって最もわかりやすい、サービスの質の判断材料の一つは、サービスを提供する人間の言葉遣いだからです。失礼な物言いをすれば、その段階で「×」印がつくのは確実。その後の失地回復は容易なことではありません。

ファーストフード店では例外なく、お客様への対応マニュアルを定め、全スタッフが寸分の狂いもなく、それを繰り返すスタイルをとっています。あれなど、まさしく〝舌禍〟を恐れてのことでしょう。

## 外国人のお客様への話しかけ方

**いらっしゃいませ、フロントまで御案内いたします。**
**こちらへどうぞ**

GOOD EVENING,SIR/MAAM. WELCOME TO THE HOTEL.
I WILL SHOW YOU THE WAY TO THE FRONT RECEPTION.
THIS WAY PLEASE.

**お部屋まで御案内いたします。**
**お客様の荷物はどちらでございますか。**
**お荷物は後ほどベルマンがお運びいたします**

I WILL SHOW YOU THE WAY TO YOUR ROOM.
WOULD YOU KINDLY POINT OUT YOUR BAGGAGE.
AND ANOTHER BELLMAN WILL BRING YOUR BAGGAGE TO YOUR ROOM.

しかし、ホテルのスタッフはマニュアル通りの鸚鵡《おうむ》返し方式では通用しません。対応する状況が複雑多岐にわたるからです。「いらっしゃいませ。ようこそ」だけではいかにも心許ない。

しかし、教育や研修を受けているはずのホテルマンでも、考えられないポカをやることはあります。言葉遣いについてのクレームのなかにこんなものがあります。

「外国人の客に応対しているスタッフが『オー、ヤー、ＯＫ』といっていた。いくらなんでも客に対して失礼ではないか」

おっしゃる通り。この英語表現の使用範囲は友達同士の間に限定というのが一般常識。お客様に対してホテルのスタッフが使うのは許されません。

たとえ、気のおけない友人がお客様としてきたという場合でも、就業時間内はスタッフとしての立場をわきまえるのが鉄則です。

誰だって、お客様に対してスタッフが、「おう、わかった……」などといっているのを耳にすれば、眉をひそめたくなります。そんな一言が、ホテルの品格を著しく傷つけることになるのはいうまでもありません。無意識のうちにでも、その種の言葉遣いをしてしまうのは、自分が属している組織に対する「誇り」や「信頼感」が欠如しているためだという気がします。

「自分は格式あるこのホテルのスタッフで、自分の一挙手一投足でその格式が問われる」

そんな意識を持っていれば、間違っても〝うっかり失言〟といった事態は起こりません。

組織が誇りを持ち、信頼感を寄せるに値しないものになっているのかどうか、ここは検証が必要かもしれません。

**【対応】自分の組織に対する「誇り」「信頼」がないと、スタッフにうっかり失言が出る。「格式あるホテルのスタッフであり、自分の行為が格式を守っている」という心構えを徹底させる**

CLAIM 14

# 「なんだ、そのいい方は！　失礼な」

**クレームの状況**

お客様が、先程から館内の廊下をいったりきたりしている。スタッフがそれを見て、お客様が行き先がわからず迷っているのかと思い、声をかけた。

「お客様。どちらにおいでですか？」

すると、むっとした顔で、そのお客様はおっしゃられた。

「このホテルに泊まっているものだ。別に、あやしいものじゃないよ」

「いえ、そのような意味では……」

「詰問されたように感じたね。感じの悪いいい方だな」


アメリカに「デルタ航空」という航空会社があります。欧米では一般に、ビジネスのオン・オフがはっきりしていて、オフになったスタッフはその時点で、スパッと仕事を終え、たとえ自分が属しているグループが忙しくても手を貸したりはしないのが普通です。

ところが、デルタ航空では、例えばフライトを終えてオフになったスチュワーデスでも、混雑を見てチェックインカウンターでお客様の応対をするとか、ご案内をするなど、これまでの流儀を覆したサービスをしています。これは〝デルタスピリット〟と呼ばれ、他の航空会社からも注目されているサービスの姿勢です。

あらゆるサービスの場においてこうした姿勢は必要です。もちろん、自分の持ち場の仕事を確実にこなすことは大前提ですが、それさえやっていればよい、と考えるようではサービスのプロとして、いかにも物足りません。

目的の場所がわからなくて捜しているような様子のお客様を見かけたら、自分の持ち場がどこであれ、すぐさま声をかけて、お客様が求めているところを知り、しかるべき対応をするのがプロというものです。

しかし、声をかけるとき、どんな表現をするかは気になるところ。

「お客様、どちらにおいでですか？」というのはダメです。この表現は「誰何《すいか》」といって、詰問、さらには咎めるニュアンスがある。つまり、警察官による職務質問の「おい、どこにいくんだ？（妙なところにいくんじゃないだろうな）」といういい方が感じさせる、相手を疑い、高飛車に問い詰める雰囲気がこめられているのです。〝感性〟豊かなお客様なら、「なんだ、そのいい方は！　失礼な」ということにならないとも限りません。

的確ないい方は、英語の〝May I help you?〟です。日本語に直訳すれば「なにかお手伝いしましょうか」という意味です。実際、外国（英語圏）のサービスに従事する人間はホテルであれ、レストランであれ、ショップであれ、お客様に接する場合、これを第一声にしています。

## MAY I HELP YOUを使いこなす

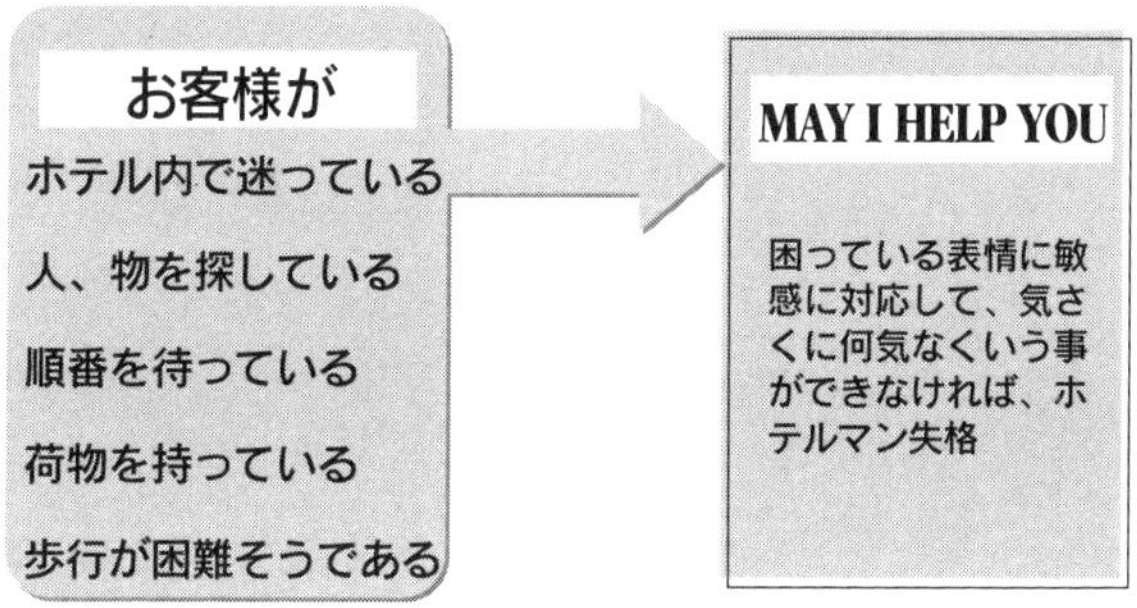
お客様が
ホテル内で迷っている
人、物を探している
順番を待っている
荷物を持っている
歩行が困難そうである
MAY I HELP YOU
困っている表情に敏感に対応して、気さくに何気なくいう事ができなければ、ホテルマン失格

しかし、日本では直訳で押し通すわけにはいきません。状況によってそれに相応しい表現に変えなければ、これまたクレームの対象になります。

お客様が目的の場所を捜しているという状況なら、「ご案内申し上げましょうか？」でしょうし、レストランやティールームで支払い方法に迷っているようなら、「ご会計でございますか？」ということになるかもしれません。いずれにしても、状況に合わせた〝May I help you?〟を躊躇なく、気さくにいえるようでないと、ホテルマンとしてはまだまだです。

**【対応】「May I help you」を的確な表現で、躊躇なく、気さくにいえるようにする**

CLAIM 15

# 「コートやストールの置場所くらい好きにさせてくれ！」

**クレームの状況**

冬の最中に、ホテルのレストランにあるお客様がお見えになられた。立派な毛皮のコートをお召しになっていたので、レジの係が声をかけた。

「お客様。コートをお預かりいたします」

「いいえ。結構です。手元においておきますから」

「りっぱなコートがお食事で汚れてしまっては台無しですし、決まりですので」

「……別に、迷惑をかけるワケじゃないでしょう？　コートの置場所くらい、好きにさせていただけないかしら」


言葉の持っているニュアンスは、コミュニケーションの大きな武器になります。同じ内容のことを伝える場合にも、ニュアンスの違いが言外にある気持ちや想いを巧みに表現してくれるということは誰にでも体験のあるところでしょう。

しかし、ときにはこれがお客様とのトラブルに結びつくこともあるのです。サービスを提供する場では、それぞれ独自の決まりがあります。最近よく見かける、レストランで喫煙席と禁煙席を分けているというのもその一つです。その他にも、こんなケースは問題が起きる可能性をはらんでいます。

## お客様への話しかけ方

### 1 否定文は肯定文にして話す

「フロントはこの階ですか？」
○「はい。そちらの階段を登って左手にございます」
×「いいえ。この上の階になります」

### 2 命令文は疑問文にして話す

「たばこを吸ってもいいかね？」
○「申しわけございませんが、あちらの喫煙所でお吸いになっていただけませんでしょうか？」
×「申しわけございませんが、あちらの喫煙所でお吸いになってください」

レストランのなかには、コートやストールを必ずクロークに預けるようになっているところもあります。そこにきたお客様が、コートを預けないまま、テーブルにつこうとしました。そこでスタッフが、次のようにいったとします。

「お客様、当店ではコートはクロークにお預けいただくことになっていますので、お預りいたします」

内容的には店の決まりを説明しているわけですが、いい方のニュアンスが、お客様によっては〝カチン〟ときても不思議がないものだという気がするのです。

本来は、お客様に対するお願いのはずですが、このいい方には「これは店の決定事項であり、絶対、譲れない。守ってくれなきゃ困ります」という高圧的なニュアンスがあります。これでは、「冗談じゃない。こっちは客で金を払ってるんだ。持ち込む物ぐらい好きにさせろ」という言葉が返ってくることもありえます。お客様へのお願いはあくまで、問いかけるというニュアンスが大切なのです。

「お客様、コートをこちらでお預かりさせていただいてよろしいでしょうか？」

「お客様、コートはこちらでお預かりさせていただきたいと存じますが……」

これなら、お客様の受け取る印象もまったく違ったものになります。理由は単純明快。決定権はお客様の側にあるというニュアンスが感じられるからです。ポイントはそこです。

「こうしてください」「こうあるべきです」「手前どもではこうさせていただいておりますから」という、有無をいわせぬいい方は反発を招きかねませんが、問いかけならまず、クレームが出る懸念はありません。

**【対応】お客様への「お願い」は、あくまで問いかける口調でいうこと。「決まりを守れ！」というニュアンスは厳禁**

# CLAIM 16

# 「サービス料金だからって、対応にまで差を付けるのか！」

**クレームの状況**

宿泊のキャンペーン期間中にご利用されるお客様がチェックインされた。ところが、フロントに対して、なにやら凄い剣幕で怒っていらしゃる。

「いかがなされましたか？」

「いかがもなにも、特別に値引きしております、とは何事だ。せっかく、高級なホテルで妻と食事を楽しもうと思っていたのに、値引き、なんていわれるとは！」

フロント係は「お得な料金でご利用なさることができます」といいたかったらしいのだが……。


現在ではどこのホテルでも、ルームチャージをディスカウントするキャンペーンを実施しています。期間を限定したり、レディスプランのように特定のお客様向けのものを企画したり、さまざまなアイディアをめぐらせ、なんとかお客様を獲得しようと必死です。

ディスカウント料金であろうと、正規の料金であろうと、ホテル側にとっては同じお客様ですから、対応に差があるなどということがあってはならないのは基本中の基本。しかし、言葉の端からお客様が「差」を感じてしまうことがあるようです。

例えば、正規料金が2万5000円の部屋をある期間、1万7500円で提供しているときなど、チェックインされるお客様に対して、「本日は、特例で1万7500円でお部屋をご用意して差し上げています」といったいい方をしたらどうでしょう。

どこか「安くしてあげているんだぞ」というニュアンスが感じられなくもありません。

その他の場合として、繁華街のパチンコ店で今日はツキがめぐってきたのか〝大当たり〟が続出して、足元にはドル箱が積まれています。そろそろ、終わりにしようとドル箱を抱えて景品交換所に……。そこで店員さんから「お客さん、今日は快調ですね。他でもいいことがありますよ」といわれれば、ルンルン気分にも拍車がかかろうというものですが、「お客さん、随分とりましたねぇ」といわれたらどうでしょう。

表情には（店が損した）という苦々しさが露骨に表れていて、言葉の調子もツンツンしたものだったら、「客に儲けさせるのも商売のうちだろう！」の一言でも返してやりたい気持ちになるのではないでしょうか。

お客様を相手にする商売では、やはり、相手が喜ぶ言葉、気分がよくなる言葉を意識して遣うのが、コミュニケーションのポイントです。

先ほどのホテルのフロント係も、このパチンコ店の情景に学ぶ必要があります。

「お客様、お部屋代を1万7500円頂戴いたします。たまたまキャンペーンをさせていただいている期間内ですから。どうもありがとうございます」

## お客様が喜ぶ、気分がよくなる言葉遣い

キャンペーン中のお部屋にお泊まりいただく場合

×「お客様、本日は1万7000円でお部屋を用意して差し上げています」
○「たまたま、キャンペーン中ですから。ありがとうございます」

パチンコで大当たりを出したお客様

×「お客さん、随分とりましたね」
○「今日は快調ですね。他でもいいことがありますよ」
「たくさん出されておめでとうございます」

これならお客様も、「ほほう、よい時期に泊まって得した」という気分になるはず。言葉の機微に想いを致すことも大切です。

**【対応】** **お客様とのコミュニケーションの基本は、「気分よく、気持ちよく」サービスを受けていただける言葉を遣うことと心がける**

# COLUMN サービスの資格ってどんなもの？

社団法人日本ホテルレストランサービス技能協会（ＨＲＳ）という組織が15年前に創設されました。この協会はホテルやレストランをはじめ、飲食をサービスするすべての働き手に、労働大臣がサービス技能士の資格を付与する機関です。東京に本部があり、全国各地に支部があって毎年審査を行っています。

いろいろなサービスを教育する専門学校の卒業生は三級の資格が受けられます。内容は学課試験と実習で、修得した実技、例えばテーブルセッティングやウェアの出し入れ、ホール内の清掃、リネン類の取り替えなど雑務的な仕事の手順、要領などの審査をします。

二級は経験が4～5年の者が受けることができます。だんだんと内容も難しくなってきますし、お客様をテーブルに誘導する方法、男女のお席のすすめ方、メニューの出し方、オーダー取り、飲み物のサービス、料理の出し方など6人もの試験官のチェックの中でお客様との会話を含めて点数をつけられます。

一級審査になると、二級の各部門を英会話で対応します。その上、ワインの説明、プレゼンテーション、抜栓、テイスティング（ホストサービス）料理をお客様の食べやすいようにカービング、メインメニューによく合う付け合わせ（ガロニエル）、サラダ、食後のデザートの進め方、など各種の技が審査されます。これらを試験官の前で時間内に決められた種目をやってみせるのですから、10年の洋食サービスの経験者でも受験者の半数くらいがやっと合格ということです。

昨年、平成十一年までに全国に一級１３１６名、二級３５９７名、三級６７４８名の計１１６６１人のサービス技能資格取得者が世に出ました。

各自はＨ．Ｒ．の文字をハート型の台座にあしらったバッジの胸章をつけて仕事に従事しています。一級は金色、二級は銀色、三級はブルーの七宝焼のバッジです。これらの人々が日本全国で現在活躍中ですが、資格取得者はステータスと自信を感じるのでしょう。実によくお客様に対応してくれます。お客様からも、店の経営者からも信頼を得、毎日の働きに喜びを持ってあたってくれていると感謝されています。味もさることながら、人間の欠くことのできない、食べるという行為は、一つ一つ思い出に残る雰囲気と、誰と食べて、どんな愉快な会話をしたか、素敵なサービスをしてくれた人がいたかによってその価値が増すことになると思います。

ぜひとも皆さんもこれらのサービスマンの働きを観察されると同時に楽しい雰囲気のなかで、宴の交流のなかで、楽しい一時を過ごされるのもよいかもしれません。

# 第5章

# クレームを出させない7つのルール

●サービスには、やっておくべき事、やってはいけない事の「当たり前」のルールがあります。
●このルールを知らないとたちまちクレームが発生してしまいます。ここでは、基本的なルールを押さえておきましょう。

CLAIM

THE RULE 1

# 100人のお客様には100通りの欲求がある

「クレームにはどのように対応すればよいのか?」

そんな質問をしばしば受けるのですが、これは一概にはいえません。対応法にいき着くには、まず、クレームというものが、どのような状況のもとで出てくるかを考える必要があります。それでは、クレームの発生源とはなんでしょうか?

お客様にはそれぞれ「こうして欲しい」「こんなサービスを受けたい」という欲求があります。クレームはその欲求が満たされないときに起きるものです。

こう見ると、クレームの構造は単純ですが、難しいのはお客様の欲求が多種多様なことです。私はよく「100人のお客様には100通りの欲求がある」ということをいうのですが、まさにその通りで、ある一人のお客様にとっては欲求にこれ以上なく応えているという対応が、別のお客様にはクレームのもとになることが十分考えられるのです。

例えば、所在なげにロビーフロアにいるお客様に対して、次のような声かけをしました。

「どちらにいらっしゃるのですか?　ご案内させていただきますが……」

## クレームの構造

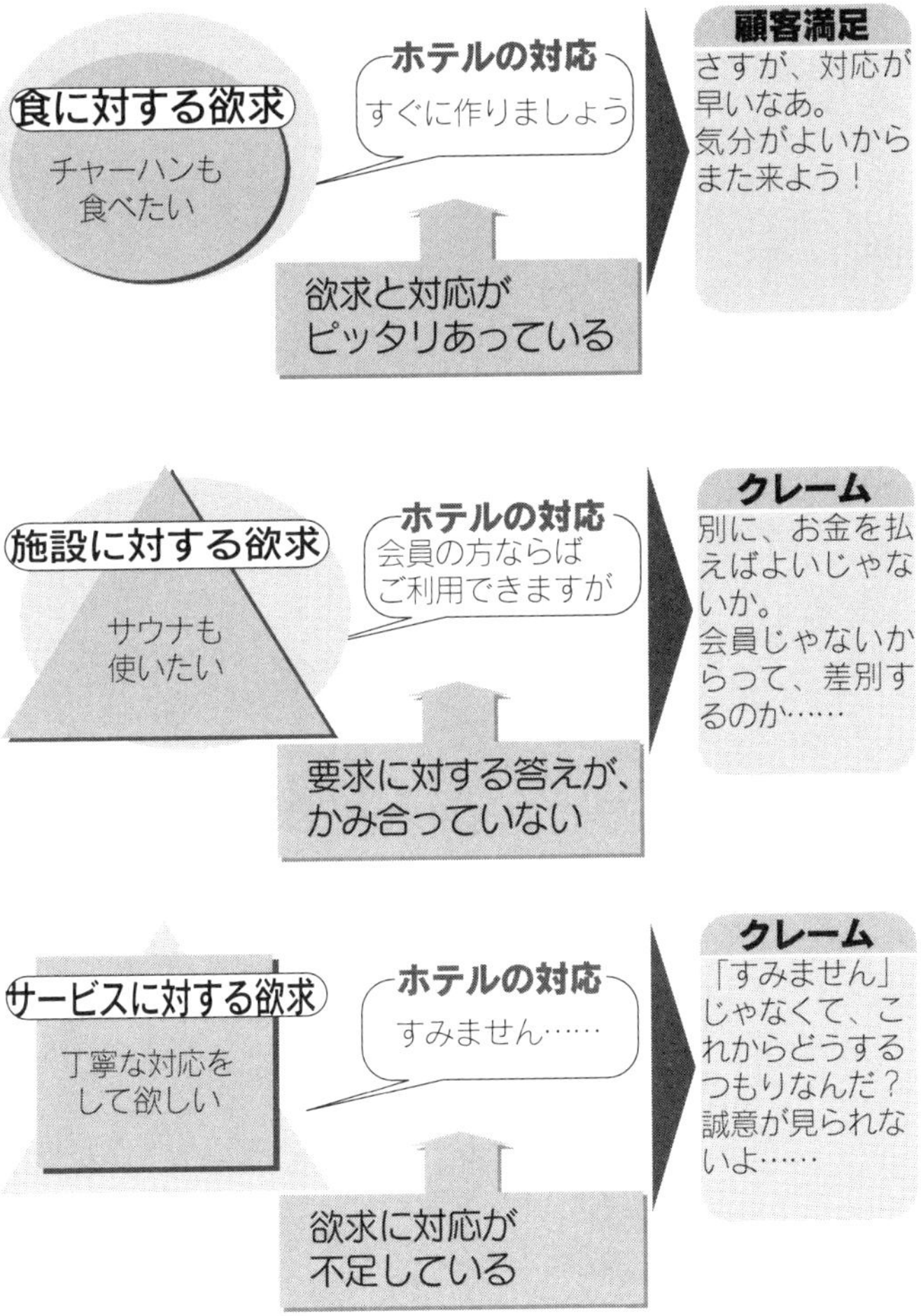
食に対する欲求
チャーハンも食べたい
ホテルの対応
すぐに作りましょう
欲求と対応がピッタリあっている
顧客満足
さすが、対応が早いなあ。気分がよいからまた来よう！
施設に対する欲求
サウナも使いたい
ホテルの対応
会員の方ならばご利用できますが
要求に対する答えが、かみ合っていない
クレーム
別に、お金を払えばよいじゃないか。会員じゃないからって、差別するのか……
サービスに対する欲求
丁寧な対応をして欲しい
ホテルの対応
すみません……
欲求に対応が不足している
クレーム
「すみません」じゃなくて、これからどうするつもりなんだ？誠意が見られないよ……

そのお客様が事実、誰かと待ち合わせをしているティールームの場所がわからなくて困っているケースなら、ドンピシャの対応ですから、クレームなどつく余地もありません。ところが、ロビーで待ち合わせをした相手がなかなかこないことに苛立って〝所在なげに見えた〟お客様だとしたら、声かけを煩わしく感じ、ご機嫌を損ねないとも限りません。同じ対応でも、ときにはお客様を満足させ、ときにはクレームの原因にもなるのです。

では、どこでお客様の欲求を見抜くのか。これはもう経験と観察力しかありません。ヒントになるのは表情やしぐさです。いわゆる喜怒哀楽は必ず、表情に出るものです。対応したお客様の表情にどこか〝怒り〟の影が見え隠れしたら、間違いなく、その対応は十分なものではなく、お客様は別の対応を求めている。心のなかにクレームの芽が吹き出している可能性は高いといえます。

こんなケースでは、「なにか不手際がございましたでしょうか？　なんなりとお申し付けください」といった一言が、相手の怒りを鎮め、新たな欲求を引き出すきっかけになると思うのです。そうなれば、芽吹いたクレームも解消されることになります。

もちろん、１００人のお客様の１００通りの欲求を正確に見抜くのは至難の業。一朝一夕に身に付けられるものではありません。一瞬、一瞬にお客様の欲求を見抜くように意識して、経験を積み重ねてゆくことが大切です。

THE RULE 2

# 「いわれた通り」ではなく、自分の仕事がなんであるのかを知る

先日こんなことがありました。出先に車を呼んだところ、いくら待ってもこない。これは相当にイライラが募ります。私が指定した時間は午後8時30分だったのですが、時間ピッタリに通りに出てみても、それらしき車がないのです。しばらく待ってからハイヤー会社に電話をして確かめると、「裏で待っているようです」という応え。私の指示は通りに面した表で待つようにというものでしたから、表にまわるように運転手に伝えてくれるよう頼みました。しかし、その後、20分待ってもこないのです。

「まだ、こないけれど、どうしたんだ！」

私はかなり苛立って、再びハイヤー会社に電話をしました。すると、車がビルの間に停まっているらしく、運転手と電話がつながらないというのです。仕方なく、私は迎えのハイヤーを探して、あたりを徘徊することとなりました。もちろん、「見つけたらただじゃおかねぇ！」

ようやく発見した車に近寄ると、運転手が当然のことのように車のなかで座っている。

「ばかやろう、お客が車を探さなければならんとは、どんなハイヤーだ。車を裏に停めるのはしょうがないとしても、降りて探すってのが常識じゃねえのか。一回りしたって5分とはかからねえだろうに……」

こんなときは放っておいても啖呵が口をついて出ます。運転手は恐縮の体で、「申しわけございません」と詫びるばかりでしたが、これはクレームとしては相当な怒りのレベルです。そのハイヤー会社が以後、出入り禁止となっても文句はいえません。

ハイヤーを利用する側にとって30分の遅れは、予定していたスケジュールが大幅に狂ってしまうことに他なりません。場合によっては重要なアポイントをキャンセルしなければならないような事態になるかもしれないのです。

配車係の指示が徹底を欠くものだったということはあるにしろ、相手の立場になってちょっと考えれば、表にまわってみるくらいの行動はすぐとれるはずです。

「午後8時30分に、○○ビルで橋本様をお迎え」

という指示を受けて、ただいわれた通りに迎えの車をビル付近につけて待つだけでは、クレームが起きて当然です。ハイヤー業務における〝迎える〟とは、相手を確かに車のなかに〝迎え入れて〟はじめて完結するものだということです。「自分の仕事」がなんであり、それを完遂することがプロフェッショナルであることを知っておく必要があります。

## 「自分の仕事」の範囲はどこまでか？

### 仕事の依頼

ハイヤーで○○様を××でお迎えして、△△までお送りする

▼

### お迎え

依頼された時間・場所に行き、○○様をハイヤーにお迎えする

指定の時間に○○様が来ない！

**a:** とりあえず、お見えになるまで待ってみる

**b:** 指定の場所以外も探してみる

b:確実にお迎えするまでが仕事

▼

### お送り

依頼された時間までに、△△に安全に着き、お見送りするまで確認する

△△以外の場所に立ち寄りたいといわれた

**a:** 依頼された仕事以外はしないので、行かない

**b:** お送りするまでが仕事なので、立ち寄る

b:安全に指定の場所まで、お送りするのが仕事

▼

### 仕事の完了

THE RULE 3

# すべてのお客様に対して「公平」に接する

お客様の要望にはできる限り応える。サービスの原点はそこにあります。しかし、それもTPOを心得ていないと、クレーム続出となる危険があることを知っておかなければいけません。

レストランでメニューを見ていたお客様が、こんな要望を出したとします。

「ここにある仔羊のローストなんだけど、これ、仔羊を仔牛に変えてくれないかな。どうも仔羊は苦手なものだから……」

ホテルのレストランの調理場にはあらゆる材料が揃っていますから、この要望に応えるのはたやすいことです。

しかし、それをしてしまってよいものかどうかは、考える余地が大いにあります。なんの考えもなしに、「かしこまりました」といってしまった場合、近くのテーブルにいる別のお客様から〝ブーイング〟が聞こえることもあります。

「俺だってホントは仔牛のほうが好きなんだ。だけど、メニューにないから仔羊にしたのに、

## お客様が「えこひいき」を感じる対応

**特定のお客様にメニュー以外の品物を出す**
クレーム「なんだ、オレもあれを食べたかったのに……」

**同一料金なのにレベルがちがう部屋にされる**
クレーム「同じ金額でも、あっちの方がいい部屋じゃない」

**スタッフが特定のお客様ばかりと話している**
クレーム「こっちの事は、ちっとも気づかないじゃないか」

**出された品物の大きさ・味・色がちがう**
クレーム「あれは、特別サービスなのか？」

**先に注文したのに、後の人の品物が出るのが早かった**
クレーム「人が待ってるのに、許せない」

その客だけ特別扱いするのか！」

というわけです。すべてのお客様に対して「公平」に接する。これもサービスの原点です。特別扱い、特例は、場面を考えないと、確実にクレームにつながります。

メニューにないものをオーダーされたケースでは、その分をチャージするというのが当然の対応法。

「承《うけたまわ》れますが、仔牛にいたしますと少々お値段が変わります。よろしゅうございますか？」

これなら、特定のお客様に対する特別扱い、「えこひいき」にはなりませんから、よそのテーブルからクレームが出る心配はなくなります。

一方、「公平」に接するための決めごと＝お店のマニュアルを押し付けることがクレームの原因になるケースもあります。

以前、泊まった温泉地の旅館でのこと。私たちは団体でいったのですが、一人だけ二人部屋を一人で使う形になったわけです。すると、旅館側は料金を2倍もらわなければ商売にならないという。

二人用の部屋を一人で占有する場合、二人分の料金を取るのがその旅館の決めごとだというのです。

しかし、食事も一人分だし、使う布団だって一組なのですから、いくらなんでも二倍は取りすぎです。ホテルでも二人部屋を一人で使うときには、せいぜい20％程度の追加料金をいただくくらいです。

結局、〝決めごと〟で押し切られる結果になったのですが、われわれ団体の大不興を買ったことはいうまでもありません。

決めごと、マニュアルは旅館側の問題であって、お客様には関係ありません。納得が得られないままに押し付けるのは、サービスの本質を理解していないといわざるをえません。ときには柔軟性も必要だと思うのですが……。

THE RULE 4

# 「なにをするサービスか」を知っておく

ホテルビジネスとは〝タイム・アンド・スペース〟のビジネスです。つまり、時間と空間を提供することによってホテルビジネスは成り立っているわけです。ですからホテルビジネスを成功させるには、それをいかに活用するかがカギになります。

お客様の要望に応える場合にも、時間と空間を少しでも有効に活用するという意識を持っていなければいけません。予約時にこんなことがあります。

「明日、到着時間が早いので、朝6時に部屋を用意して欲しい」

さて、どうするか？　この場合は2日分の宿泊料金をいただくことになります。

「なぜだ!?　ベッドを使うのは1日だけじゃないか。2日分とは納得しがたい……」

お客様からこのようなクレームが出たとしても、ここは譲れません。6時から部屋を用意するには、前日、その部屋は空けておかなければならないからです。前日にお客様をお入れして「明朝6時には違うお客様がお入りになりますから、5時半には空けてください」とお願いすることはできません。つまり、予約のお客様の要望に応えるために、ホテル側が提供する時間と空間は、実質2日分になるというわけです。

「しかし、前日から空いている部屋があったら、1日分でもよいじゃないか」

そんな反論が聞こえてきそうですが、そうした場当たり的な対応は、時間と空間を最大限に活用するというビジネスポリシーからはずれます。ポリシーにもとづいた基本的なルールは状況に関係なく、貫かなければ収拾がつかなくなるのです。

レストランの予約については、こんな問題が起きることがあります。午後8時半に席を指定して予約をいただいた場合、開店が5時半だとすると、ホテル側としては、予約のお客様をお迎えする前に、その席で1組は別のお客様に食事をしていただきたいと考えます。3時間のあいだ、席を空けたままでいるのは効率が悪いからです。

ところが、前のお客様の食事が長引くことがある。すると、予約をいただいたお客様は「予約したのに席がないのか！」というクレームが出ることになります。お客様のいい分は当然。ホテル側の落ち度です。しかし、これにもテクニックがないわけではありません。予約を受ける際に一言次のように伝えておくのです。

「ちょうど混み合う時間でございますので、万一、ご指定の席がご用意できない場合、その近辺のお席でもよろしゅうございますか？」

この〝事前のエクスキューズ〟はクレーム防止の有効な手段の一つです。

## タイム＆スペースの意識

**快適な空間（スペース）をお客様に提供し、快適な時間（タイム）を過ごしていただく。その対価として、料金をいただくビジネス**

**原則**

### 快適な空間と時間を提供するために細心の注意を払う

**快適な空間**

1.安全管理
お客様の生命、財産、プライバシー、防犯、防火

2.清潔さ、居心地のよさ
手入れの行き届いた清掃、備品、アメニティグッズの配置

**快適な時間**

接客サービス
適切な応対、細やかな気くばり、気持ちのいい会話

**原則**

### 限られた空間、時間を無駄なく、効率的に使う

**空間の管理**

1.スペースの確保
客室状況の管理、無駄なスペースの削減

2.スペースの保守
改装やリニューアル、保守・点検

**時間の管理**

1.開店・閉店時間の管理
閉店時間・開店時間を守る

2.ご利用時間の管理
居座ってしまったお客様をどうするかなど

THE RULE 5

# 規則を守ってもらうためには手だてが必要

規制緩和にむかって動いているこの時代にあって、どんどん規制が厳しくなっているのが喫煙に対する扱いです。飛行機は国内線、国際線とも全席禁煙となり、駅のホームも隅っこの喫煙所以外はダメ。ビル内も全館禁煙というところが増えています。

喫煙者にとっては、なんとも〝生きにくい〟時代、自他ともに認める愛煙家軍団の一員としては、クレームの一つも付けたくなるというものです。それほど禁煙を声高に叫ぶなら、周辺状況をもっと整備する必要があるというのが私の持論です。

規則だけがあって、それを守ってもらうための手だてを講じないというのでは、違反者が続出するのは目に見えています。

今はアウトドアブームとやらで、全国各地にキャンプ場が林立していますが、利用者のマナーを云々する声が多い。曰く「水汲み場を汚す」「トイレの使い方がひどい」……。しかし、水汲み場にでかでかと、〈汚さないように使いましょう〉などと書いても、効果のほどは疑問です。

## 禁止事項を守ってもらうための利用者心理

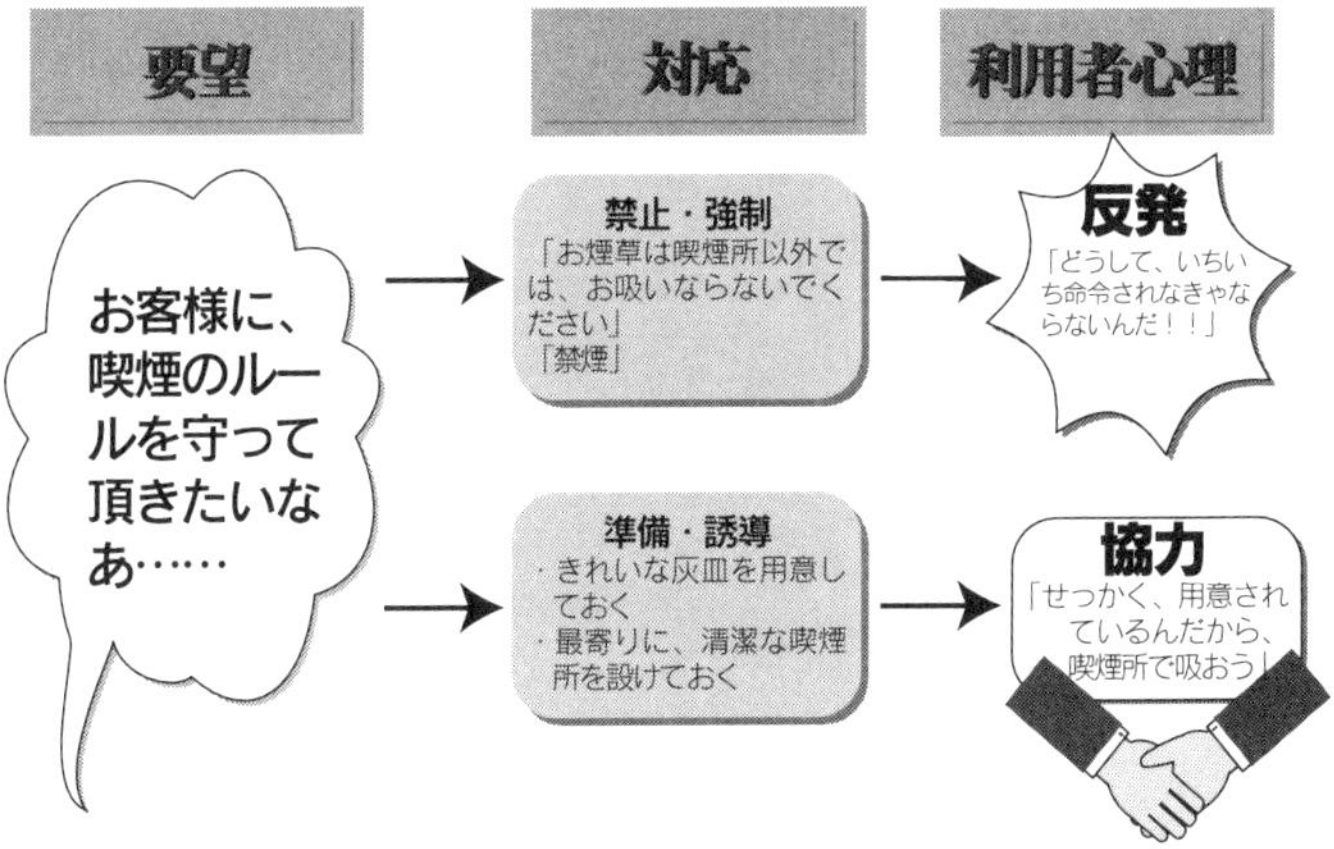
要望
対応
利用者心理
お客様に、喫煙のルールを守って頂きたいなあ……
禁止・強制
「お煙草は喫煙所以外では、お吸いならないでください」
「禁煙」
反発
「どうして、いちいち命令されなきゃならないんだ！！」
準備・誘導
・きれいな灰皿を用意しておく
・最寄りに、清潔な喫煙所を設けておく
協力
「せっかく、用意されているんだから、喫煙所で吸おう」

むしろ、〈この美味しい湧き水を心ゆくまで味わってください〉とでも書いてあったほうが、清潔に使おうという気持ちになる。それが利用者の心理というものです。

規則を守ってもらうために「禁」を前面に打ち出すだけというのでは、いかにもアイディア不足という気がするのです。

禁煙についても、例えば、館内喫煙を禁じているビルの玄関に、〈当ビルは全館禁煙となっています〉と注意書きがあるだけだったら、どんな事態が起きるか。間違いなく、そのビルの前は吸殻だらけになります。歩きながらくわえ煙草をしてきた人間が、注意書きを見て、そこでポイ捨てする可能性が高い。

その結果、館内は確かに禁煙が守られても、ビルの玄関前は灰皿をぶちまけたような状態、という滑稽な図が出現することになるわけです。実際、禁煙が徹底しているアメリカでは、ビルの前はポイ捨てゾーンになっています。

しかし、注意書きとともに玄関前に灰皿を設置し、まめにその掃除をしておいたらどうでしょう。いかに喫煙マナーがいい加減な人間でも、クリーンな灰皿がおかれていれば、きちんとそこに投げ入れるはずです。間違っても、玄関前がポイ捨てゾーンになることはないでしょう。

ついでにJRにも一言。新幹線の喫煙車両の異様な臭いはどうにかならないものか。現状では喫煙者の私でも、気分が悪くなるほどです。喫煙車両だからこそ、排気設備を充実させ、灰皿もまめに取り替えて空気をクリーンに保つ。サービスとはそういうものだと思うのです。喫煙者は〝隔離〟すればよいという今の姿勢では、喫煙者から「俺たちをないがしろにしすぎる」というクレームが出ても不思議はない気がするのですが……。

THE RULE 6

# マナーの遵守を促すのはスタッフの役目

マナーの基本は「周囲の人に不愉快な想いをさせない」というところにあります。プライベートな場でなら、他人の目を気にせず、自由奔放に振る舞って一向にかまわないと思いますが、ソーシャルな場面では最低限のマナーは必要です。

例えば、自分の家でテーブルの上に足をのせてふんぞり返るのは勝手ですが、ホテルのロビーでこれをやられたら困る。さすがに日本人ではあまり見かけませんが、外国人のお客様のなかには、この度を超したリラックス法を採用している方がいるのです。そんな場面に遭遇したら、いち早く、スタッフが注意を促さなければいけません。

「これはフットパット（足置き）ではございませんので、よろしくお願いいたします」

そんないい方をすれば、外国人は以外に素直。「sorry」と一件落着するのが普通です。

こんなケースでいちばんいけないのは、お客様に遠慮して〝見て見ぬフリ〟をすることです。その結果、礼儀を重んじるお客様が、その〝不躾者〟に注意をしたりするといったことになると、大きなトラブルに発展しかねません。

ホテルのスタッフからの注意なら、素直に受け入れられても、他のお客様に注意されたら「ムカッ!」とくるというのが心理。

「なんで、あんたにそんな指図をされなきゃいけない!」

と、一触即発の状況になることは十分考えられることです。マナーの遵守を促すのはスタッフの重要な仕事です。

夏場によくあるのはこんなケース。ホテルは当然、室温に注意を払っていますから、屋外は灼熱の太陽がギラギラでも、一歩中に入れば快適そのもの。そこで、確信犯か無意識のうちにかはわかりませんが、ロビーのソファで白河夜船というお客様がいるのです。

この情景も他のお客様にとっては愉快ならざるものです。「お客様、ここはおやすみになるところではございませんので……」というように注意を促すと「冗談じゃない。このホテルは眼を閉じて考えごとをしちゃいけないってのか!」ということになることも考えられなくはありません。ここではやはり、問いかけ調で注意することが奏功します。

「お客様、お風邪をお召しになるといけませんので、お部屋をご用意いたしましょうか?」

反論の余地なし。お客様は即座に、昼寝タイムに終止符です。

## ソーシャルな場におけるマナー

| | |
|---|---|
| ドレスコード | 「浴衣のままロビーでくつろぐ」<br>「一流ホテルで、半ソデ、短パンのまま歩き回る」 |
| 態度・行動 | 「ロビーで居眠りをする」<br>「館内を走り回る」 |
| 話し方・会話 | 「大声で、周囲を省みず話す」<br>「下品な会話をする」 |
| 品物・ペット | 「レストランに盲導犬以外の動物を連れ込む」<br>「危険物、凶器などを持ち込む」 |

**ソーシャルな場のルールを守るのは、スタッフの仕事**

**スタッフの話し方**（○）

お客様、お風邪をお召しになるといけませんので、お部屋をご用意いたしましょうか？

→ 問いかけ調

**お客様の心理**

そうか、気を使ってくれてありがとう。少し疲れていたので、眠り込んでしまったようで申しわけなかった

**スタッフの話し方**（×）

お客様、ここは、お休みになる場所ではございませんので、お起きになってください……

→ 直截的

**お客様の心理**

冗談じゃない！　寝てなんかいるもんか。このホテルは眼を閉じて考え事をしちゃいけないってのか！

THE RULE 7

# お客様の無理難題をすべて聞いてはいけない

どんな分野にもマニアと呼ばれる人たちがいるものですが、クレームにもマニアがいるから、サービス業に携わる者の苦労は絶えません。ずいぶん前のことですが、オークラの常連にこの苦労の種がいました。

外国人で毎朝、食事をしにくるのですが、毎度毎度、クレームをつけるのです。食べるのはいつも決まった料理なのに、メニューをじっくり眺め、わざと聞こえないようにオーダーする。当然、こちらは復唱するわけですが、すると、「お前は客のいったことを聞いていない」とくる。サービス係はとりあえず、お詫びの一つもいって、毎度お馴染みの料理を持っていくのですが、そこでまたひとくさり。

「俺はこういうふうにしてくれといったじゃないか。なんだ、これは……」

難癖以外のなにものでもありません。しかも、連日それが続くのですから、さすがに私も堪忍袋の緒が切れました。

ある日、その外国人の隣りに座ってつぶさに行動をチェックしたのです。その場で動か

こんなお客様には要注意！
・他のお客様に迷惑をかける
・クレームのためのクレームをいう
・ホテルの格を落とすふるまいをする
・暴力を振るう
etc
注意・警告
それでも、改めていただけない場合
望ましくない客
UGリストへ
Undesirable Guest List

ぬ証拠を掴まなければ、啖呵を切るわけにもいかないからです。ヤツはいつもの行動パターン通りに、あれこれ難癖をつけていたのですが、そのうち、あろうことか、キャッシャーのところにいってお金を投げつけたのです。もう、我慢の限界！

「おい、ちょっと待て。ここは神社じゃない。われわれは銭を投げつけられるような商売をやっちゃあいない。神社なら賽銭箱があるからぶっこんだってよいが、ここはそういうわけにはいかないんだ」

むろん、相手は外国人だからして、英語の啖呵です。ただし、私の英語はネイティブ・イングリッシュにはほど遠いレベルですから、どこまで真意が伝わったかは疑問。ただし、喧嘩を売っている（？）ことはわかったらしく、「お前は生意気だ！」ときた。それでミーティングで問題にする云々となったのですが、そこに登場したのが日系二世のスタッフ。日系二世ですから、こっちは限りなくネイティブ・スピーカーに近い。

「おめえなんか、二度とこのホテルにくんなぁ～!!」

これじゃあ、ネイティブじゃなくてもよかったんではなどとはいうなかれ。実際、この一言がきいてか、以後、この外国人は二度とオークラに顔を見せなくなったのです。

後日談ですが、ヤツはオークラを出入り禁止になって、今度は別のホテルで同じことをやり始めたと聞きますから、懲りないもんです。

この手の輩は「ＵＧ情報」のリストにのります。ＵＧとは「undesirable guest（好ましからざる顧客）」の略。情報は都内のホテルに配信されますから、二度と悪さはできなくなります。

ホテルオークラ［橋本流］
クレーム対応術《たいおうじゅつ》 2
人の心を癒す＜ホスピタリティ＞43の極意

2000年3月10日　初版発行

著　者……橋本保雄《はしもとやすお》
発行者……大和謙二
発行所……株式会社大和出版
東京都文京区音羽1－26－11　〒112-0013
電話　営業部03-5978-8121／編集部03-5978-8131
印刷所……慶昌堂印刷株式会社
製本所……有限会社誠幸堂

乱丁・落丁のものはお取替えいたします
定価はカバーに表示してあります

ISBN4-8047-1555-X